단숨에 술술 읽는
그리스 신화 속 신들의 이야기

드니 랭동
가브리엘 라부아 지음
손윤지 옮김

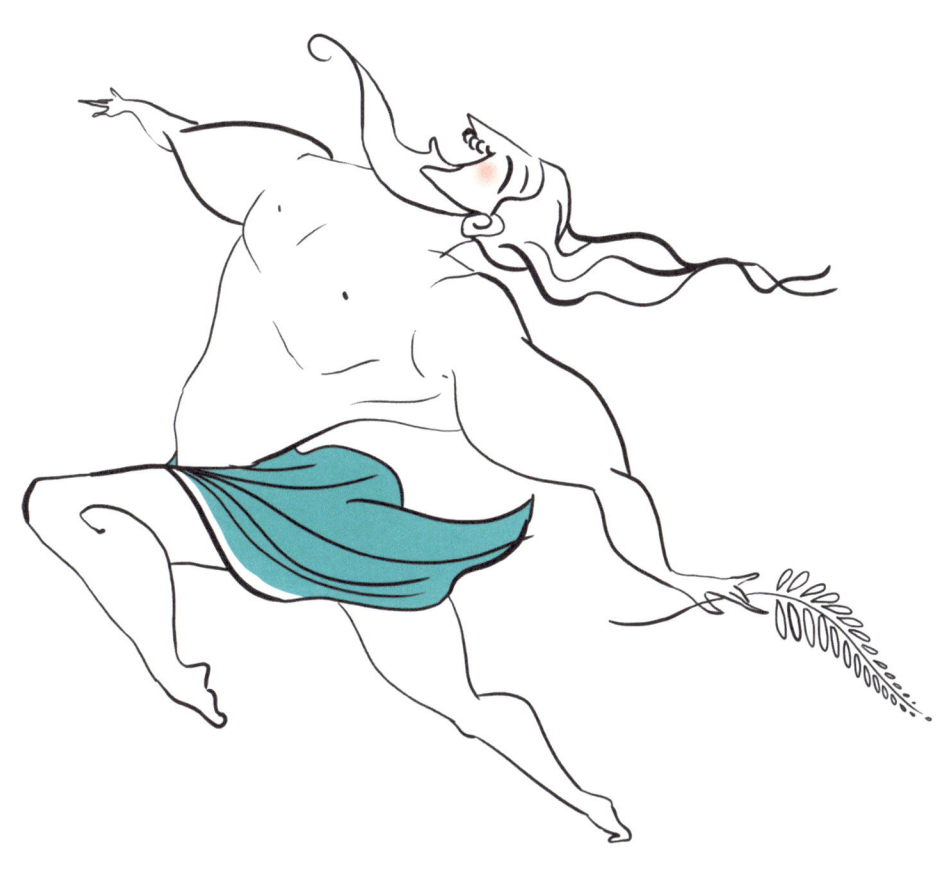

BH balance harmony

Du côté de l'olympe-Un précis de mythologie savamment déjanté
By Gabrielle Lavoir and Denis Lindon
© Flammarion Jeunesse / 2020
All rights reserved
Korean translation Copyright © 2022 Book's Hill Publishing
Arranged through Icarias Agency, Seoul

이 책의 한국어판 저작권은 Icarias Agency를 통해 Flmmarion과
독점 계약한 도서출판 북스힐에 있습니다.
저작권법에 의하여 한국 내에서 보호를 받는 저작물이므로 무단전재와 복제를 금합니다.

"내가 이야기를 전할 수 있게 허락한 드니 랭동에게 무한한 감사의 인사를 드립니다"

- 가브리엘 라부아

신들의 그리스, 로마 명칭

프랑스에서 신들의 이름은 로마가 그리스를 정복한 이후 로마식 표기가 훨씬 더 친숙하지만, 이 책에서는 우리에게 더 널리 알려진 그리스식 표기를 따랐다.

로마식:	그리스식:
아폴로	아폴론
바쿠스	디오니소스
케레스	데메테르
큐피도	에로스
키벨레	레아
디아나	아르테미스
아이스쿨라피우스	아스클레피오스
퓨리	에리니에스
헤르쿨레스	헤라클레스
유노	헤라
유피테르	제우스
라토나	라토
마르스	아레스
메르쿠리우스	헤르메스
미네르바	아테나
넵투누스	포세이돈
플루토	하데스
프로세르피네	페르세포네
사투르누스	크로노스
베누스	아프로디테
베스타	헤스티아
불카누스	헤파이스토스

에게해 지역

과거, 모든 초중고생은 헤라클레스의 과업 목록을 눈감고 술술 읊을 수 있었다. 오늘날 신화는 일상에서 잊혀졌다. 드니 랭동은 그의 저서 <신들은 신난다, Les dieux s'amusent>에서 제우스의 연인들, 헤르메스의 장난, 오이디푸스의 콤플렉스, 아킬레스의 분노, 율리시스의 속임수 등 세상에서 가장 아름답고 흥미로운 이야기를 유머 있게 풀어내어 새로운 신화를 이야기했다.
그의 작품을 충실히 또 코믹하게 각색한 가브리엘 라부아는 우리가 살고 있는 이 세계와 신화 속 놀라운 현대성을 표현한다.

신들이 인간의 모습을 하고 있을 때, 우리는 어떻게 신들을 알아볼 수 있을까? 그들은 햇볕이 내리쬐는 날씨에도 땀을 흘리지 않고, 눈 부신 태양을 바라볼 때 눈을 깜박이지도 않고, 땅에 그림자가 드리우지도 않는다.
신화를 (다시) 발견하는 또 다른 (최고의) 방법은 모두가 쉽게 읽을 수 있는 바로 이 책이다!

1
제우스, 권력을 가지다

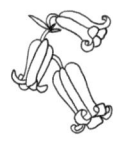

3천여 년 전, 지상에는 수많은 신들이 모여 살며 끊임없이 인간사에 간섭했다.

여러 면에서, 신들은 보통의 인간들과 무척 닮아 있었다. 거만하고, 욕심 많고, 게으르고, 탐욕스럽고, 거짓말도 하고, 야비하고, 복수심도 있고, 질투도 하고, 경박하고, 변덕스러우며 폭력적이었다. 물론 때때로 좋은 감정을 가질 때도 있었다. 신들은 결혼하여 자식을 낳기도 하고, 서로 싸우고 속이며 복수하고 또 용서하기도 했는데, 이 모든 것은 인간의 삶과 같았다. 그러나 신들은 남다른 두 가지 특징을 갖고 있었다.

우선, 신들은 결코 늙지 않으며 죽지도 않는다. 그래서 우리는 흔히 그들을 '불사신'이라고 부른다. 이 신비한 특징은 신들만이 얻을 수 있던 두 가지 음식을 꾸준히 먹은 데서 유래했다. 그것은 바로, 식물을 원료로 하여 도수가 높은 술을 빚어 만든 넥타르와 어떻게 생산되었는지, 그리고 그 맛이 어떤지 알 수 없지만, 전문가들에 의하면 달짝지근한 오트밀과 비슷했을 것이라 추정되는 암브로시아라는 열매다.

또 다른 특징은, 원하는 때에 언제나 모습을 바꾸어 변신할 수 있다는 것이다. 신들은 남자, 여자뿐만 아니라 동물이나 사물로도 변신할 수 있었다. 주로 인간을 속이거나 골탕 먹일 때 변신의 능력을 사용했다. 다행인 것은 신들이 인간으로 변신했을 때 이를 알아차릴 방법이 3가지 있다는 점이다.

첫째, 신들은 푹푹 찌는 더위에도 절대 땀을 흘리지 않는다.

둘째, 신들은 해를 바라보고 있어도 눈을 깜빡이지 않는다.

셋째, 신들의 몸은 그림자가 생기지 않고, 물이나 거울에 반사되지 않는다.

인간사에 개입한 신들이 했던 역할을 살펴보면, 먼저 신들의 역사에 대해 어느 정도 시간을 할애하지 않고서는 영웅들의 모험 이야기를 할 수 없다.

불사의 존재들이지만 신들 역시 그들의 역사, 때때로 파란만장하기까지 한 나름의 역사를 갖고 있기 때문이다.

세상이 처음 열릴 때, 오직 하늘과 땅만 있었다.

그 둘이 만나 강력한 두 종족이 태어났는데…

티탄족과 기간테스족

수십에 이르는 티탄족은, 그리스인들에 따르면
'거대한 몸집과 무시무시한 힘을 가진 존재들'이라고 한다.

기간테스족 또한 수십 명이며
'거대한 몸집과 무시무시한 힘을 가진 존재'였던 것으로 보인다.

그렇다면 대체 티탄족과 기간테스족의 차이는 무엇이란 말인가?

미국 프린스턴 대학의 저명한 비교신학 전문가 폰 프루흐템부흐 박사의 설명이 아마 여러분에게 답이 될 것이다.

 "티탄족은 정말로 기간테스족 같은 무시무시한 힘을 가졌다는 특징이 있죠."

 "...반면, 기간테스족은 무엇보다 티탄족 같은 거대한 몸집이 두드러진답니다."

두 종족 간 외형적인 차이가 어떻든 간에 티탄족과 기간테스족은 정신적인 면에서 큰 차이를 지닌다.

티탄족은 지능적이다. 반면 기간테스족은 야만적이다.

그래서 티탄족은 아주 빠른 시간 내에 기간테스족을 제압했고, 기간테스족은 노예와 유사한 예속 상태의 처지가 되었다.

제우스의 등장

어머니의 기지로 살아남은 여섯 번째 아이가 바로 제우스다. 그는 유모이자 염소인 아말테이아의 젖을 풍족히 먹고, 즐겁고 수다스러운 요정들과 반인반수 목신들의 손에 키워졌다. 요정들의 목소리와 웃음소리가 얼마나 크던지 제우스의 울음소리를 덮어준 덕에 크로노스는 아이가 살아 있다는 사실을 전혀 눈치채지 못했다.

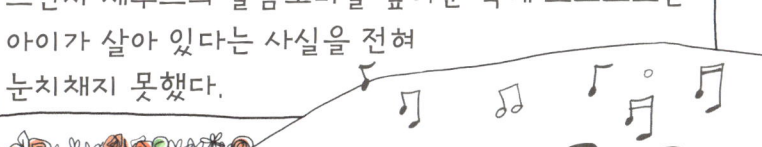

건장한 청년이 된 제우스는 고마움의 표시로 염소 아말테이아를 하늘의 별자리로 만들어 주었다. 그리고 염소의 뿔 하나를 잘라 이데 산의 요정들에게 선물하는 것도 잊지 않았다.

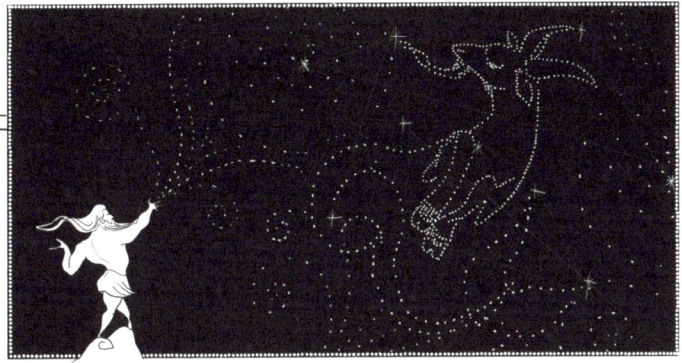

염소 아말테이아의 뿔은 '풍요의 뿔'이라 불렸는데, 요정들이 무척 좋아했던 꽃이나 과일, 장신구나 보석을 무한하게 만들어내는 신비한 마법을 부렸다.

제우스는 그동안 자신을 돌봐주었던 주위의 모든 존재에게 은혜를 갚은 후, 아버지와의 케케묵은 일을 청산하기로 했다.

그 후에 다른 여러 증거를 통해 밝혀지겠지만, 제우스는 뛰어난 정치적 감각을 타고났다. 크로노스를 무찌르고 권력을 가지려면 연합군이 필요하다는 것을 알고 있었고, 만일 연합군이 너무 많은 것을 요구할 경우 그들을 없앨 수단도 마련할 줄 알았다.

제우스는 기간테스족이 크로노스에게 대항하도록 유도했고, 티탄족의 핵심 중 하나인 프로메테우스의 협력도 얻어냈다.

프로메테우스는 뛰어난 지혜와 발달된 도덕의식으로 동족들 사이에서 두각을 드러냈다. 마치 인권 수호를 위해 서명을 마다하지 않는 우리 시대 지식인들의 모습과 닮았다. 프로메테우스는 크로노스의 권력 남용과 잔혹함에 대해 종종 거침없이 목소리를 높이곤 했다.

그가 제우스에게 힘을 보태기로 약속했던 것은 개인적인 야망 때문이 아니라 자신의 이상주의 때문이었다.

이 동맹으로 제우스는 크로노스와 티탄족을 기습 공격하여 무찔렀다.

그러고는 아버지가 삼켜버린 다섯 형제를 토해내게 했는데, 이상하게도 아이들은 아직 소화되지 않은 상태였다.

그 후, 먼 곳으로 추방당한 크로노스는 불가사의하고 결정적인 최후를 맞이했다.

제우스는 남아 있던 티탄족을 땅속 깊은 곳에 매장시켜 없애버렸다.

그래서 그리스 사람들은 훗날 몇 세기 동안 일어난 화산 폭발을 땅에 묻힌 티탄족의 분노와 원한의 분출이라고 생각했다.

티탄족 중 한 명인 아틀라스는 힘이 너무 센 나머지 땅에 묻을 수 없었고, 그 대신 두 어깨로 영원히 하늘을 짊어져야 하는 남다른 형벌을 받았다.

제우스를 도와준 대가로 기간테스족은 자유를 되찾았다. 한편, 프로메테우스는 모든 개인적인 보상을 정중히 거절했다. 오직 편을 잘못 선택한 그의 동생 에피메테우스의 죄를 용서해주길 요구했다.

기간테스족의 반란

제우스는 그리스에서 가장 높은 산, 올림포스에 자리를 잡았다. 크로노스가 토해낸 두 형과 세 누이들과 함께 올림포스 신전에서 그 첫 세대를 이루었다.

형들의 이름은 포세이돈과 하데스, 누이들의 이름은 헤라, 데메테르 그리고 헤스티아였다.

형과 누이들은 처음에 한가롭게 아무 일도 하지 않았고, 제우스 혼자서 온갖 세상사를 돌봤다.

일이 고된 것은 아니었다. 그때만 해도 신들의 근심과 골칫거리의 주요 원인인 인간이 존재하지 않았기 때문이다.

그렇다고는 해도 단 한 명의 신이 모두 감당하기에는 할 일이 태산 같았다.

제우스는 혼자서 세상의 모든 일을 감시하기에도 벅찼기 때문에, 동맹을 맺었던 기간테스족이 권력의 핵심을 차지하지 못해 불만을 품고 그에게 반란을 일으키려는 공모를 꾸미며 왕좌를 빼앗으려는 꿍꿍이조차 눈치채지 못했다.

그러던 어느 날 밤, 기간테스족은 제우스를 공격하기 위해서 매우 가파른 절벽의 올림포스 산을 기어 올라갔다.

그들은 올림포스 산 옆에 있는 펠리온 산과 오사 산의 거대한 바위들을 끌어냈고,

펠리온 산을 오사 산 위로 쌓아 올린 다음,

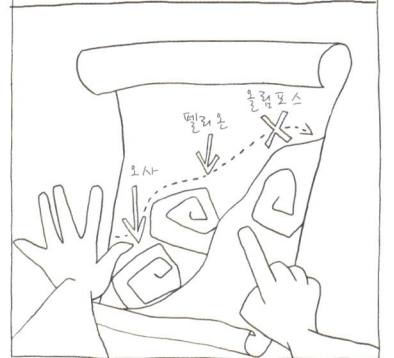

올림포스 산에 오르기 시작했다.

제우스와 형제들은 전날 밤 넥타르주를 과하게 마신 탓에 깊은 잠에 빠져 아무 소리도 듣지 못했다.

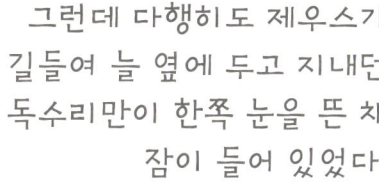

그런데 다행히도 제우스가 길들여 늘 옆에 두고 지내던 독수리만이 한쪽 눈을 뜬 채 잠이 들어 있었다.

선봉에 선 반란군 무리가 올림포스 산 정상에 오르자, 독수리는 맹렬하게 날개를 퍼덕이며 제우스, 포세이돈, 하데스를 깨웠고, 그 즉시 전투를 시작했다.

하지만 수적으로 열세에 몰린 것이 명백했기 때문에,

곧 기간테스족에 의해 전멸되리라는 것을 느끼고 있었다.

바로 그 순간, 제우스는 그의 손에 있던 강력한 비밀 무기를 처음으로 사용해보기로 결심했다.

이 최상의 무기는 바로 벼락이었다.

제우스가 어떻게 그것을 손에 넣었는지는 알려지지 않았다.

추측하건대 박학다식한 프로메테우스가 고안했을 것으로,

조심성이 몸에 밴 프로메테우스는 아마도 절대로 사용하지 않겠다는 약속을 받아낸 다음 제우스에게 주었을 것이다.

하지만 극한의 위기에 처한 제우스는 그런 도덕성이나 약속 따위를 생각할 겨를이 없었다.

포세이돈과 하데스가 물러서고 기간테스족이 올림포스 산에 발을 딛으려는 순간이었다. 어둠 속에서 번쩍이는 한 줄기 강력한 섬광이 제우스의 손에서 뿜어져 나와 공기를 가르고 기간테스족이 발판 삼아 기어오르던 바위들을 순식간에 박살 내 버렸다.

바위들은 곧 거대한 소리를 내며 무너졌고, 기간테스족은 추락했다.

그날 이후, 폭우가 내릴 때 벼락이 치면 마치 산이 무너져 내리는 것 같은 소리와 비슷한 천둥소리가 늘 함께 들리게 되었다.

권력의 분리

극한의 위기를 겪은 후, 제우스는 권력 분리 원칙을 고안했고 실행에 옮겼다.

모든 일을 혼자서 전부 맡아 해결할 수 없다는 것을 깨달았고, 한편으로는
기간테스족과의 전쟁에서 함께 싸워 준 형제들에게 고마움을 표하고 싶었던 것이다.
제우스는 그렇게 형들과 세계를 나눠 갖기로 결정했다.

그런데 우주를 비교적 공평하지 않은 세 부분으로 나누었다.

첫 번째 부분은 가장 중요한 하늘과 땅,

두 번째 부분은 바다,

세 번째 부분은 지하세계로, 당시에는 아직 인간이 창조되지 않았기 때문에 비어 있었다.

세 지역의 분배는 무작위로 이루어졌다고는 하지만, 제우스가 조작했을 가능성이 크다.

하늘과 땅은 제우스가 차지한 반면,

포세이돈에게는 바다 제국이,

하데스에게는 지하세계가 할당되었기 때문이다.

이렇게 권력의 공평한 분리를 반영한 원칙에도 불구하고, 제우스는 사실상 명백한 우월권을 보존하게 되었다.

그 우위를 더 잘 드러내기 위해, 제우스는 올림포스에 그의 거처와 왕권을 정했다.

반면, 포세이돈과 하데스는

각각 바다 밑에,

그리고 지하에 궁전을 세웠다.

거기 누구 있어요?

그리스 항아리(기원전 약 3000년 경)
권력의 분리 또는 "제우스의 형들 뒤통수치기"
암브로시아 국립박물관 - 제우스 랜드

세 형제의 성격과 취미는 꽤 달랐고, 이는 각자의 세계를 다스리는 방식에서 분명히 나타났다.

정치가 제우스

제우스의 성격은 여러 면에서 우리 시대의 유명 정치가들과 아주 비슷하다.

무엇보다도 그는 인간들과 심지어 신들과의 접촉을 좋아했다.

자식을 만들어낼 수만 있다면 온갖 관계와 육체적 결합을 즐겁게 탐닉했다.

거대한 체구와 가끔 무섭게 치켜 올라가는 두툼한 눈썹, 화를 낼 때면 주위 사람들을 벌벌 떨게 하는 우레 같은 목소리에도 불구하고,

여신들이나 인간 여인들 곁에만 가면 갈대처럼 흔들리곤 했다. 오늘날 속된 말로 '여자에 미친 놈'이었다. 제우스의 여성 편력은 이 책의 한 부분을 할애하여 집중적으로 다루도록 하겠다.

요즘 정치인들과 다른 유일한 모습이 있다면, 제우스는 거짓말을 혐오했다는 것이다. 바람핀 사실을 아내에게 숨기려 한 것을 제외하면, 무슨 일이 있어도 자기 자신을 속이지 않겠다는 원칙이 있었다.

올림포스의 왕좌에 오른 제우스의 가장 큰 고민은 바로 아내를 구하는 일이었다. 자신의 지위를 고려할 때 서열이 낮은 여신과 결혼할 수는 없었기 때문에 선택지는 당시에 완전한 권리를 가진 세 명의 여신, 즉 그의 세 누이들뿐이었다.

그중에서 가장 아름다운 미모를 가진 헤라를 선택했는데, 훗날 제 발등을 찍는 일이 되고 만다.

당신이 다른 여자 꼬시는 거 내가 못 봤을 줄 알아? 이런 양아치 같으니라고!

쨍그랑!

이럴 수가, 당신 제정신이야!

이 비싼 항아리를!

그래도 그 당시로서는 승리와 영광의 첫 순간들을 맘껏 누릴 수 있었다.

황금으로 된 왕좌에 앉은 제우스는 한 손에는 왕권을 상징하는 지휘봉을, 다른 손에는 그의 힘을 상징하는 벼락을 들고, 발아래에는 목숨을 구해준 독수리가 눈을 반쯤 감고 잠들어 있었다.

빛나고, 향기롭고, 평화로운 올림포스의 공기를 흐리는 것은 아직 아무것도 없었다.

자, 봐. 내가 더 만끽할 수 있게 내버려 둬.

젠틀맨, 바다의 신 포세이돈

포세이돈은 제우스보다 사교성이 부족했고, 다른 신들과 어울리기보다는 자연에서 시간을 보내는 것을 더 좋아했다. 영국이나 스페인 남부 안달루시아의 몇몇 신사들처럼 세 가지에 강한 애착과 열정을 보였는데, 그중 하나는 바로 바다였다. 그는 삼지창으로 기분에 따라 바다에 폭풍을 일으키거나 반대로 가라앉히곤 했다. 또 빨리 달리는 말과 힘센 황소를 좋아했다.

가끔 올림포스에서 신들의 회합이나 향연이 있을 때나 마지못해 바닷속 왕국을 떠나는 정도였다. 포세이돈은 바다의 여신 암피트리테를 아내로 맞았고, 그녀 역시 자연을 좋아했다.

포세이돈은 행복할 수 있는 모든 조건을 완벽히 갖춘 것처럼 보이지만, 신보다 더 강력한 운명이 그의 자식들을 매개로 수많은 근심거리와 잔인한 슬픔을 그에게 안겨주었다.

음흉한 하데스

제우스의 세 번째 형제인 하데스는 음침하고, 과묵하고, 염세적이었다. 천성이 우울한 성격인데다 지하세계의 지배자가 된 이후 그 정도가 심해져, 어두컴컴한 곳에 거처를 잡아 그곳을 벗어날 생각조차 하지 않았다.

그래서 오랫동안 아무도 그의 얼굴을 볼 수 없었다. 지하의 왕국을 좀처럼 떠나지 않은 이유도 있었지만, 어쩌다 지상세계로 외출할 때면 자신의 모습을 투명하게 만들어 감출 수 있는 투구모를 쓰고 다녔기 때문이다.

올림포스의 사람들이 하데스의 존재를 까맣게 잊어버릴 정도였다.

어느 날 하데스가 투구모를 쓰지 않고 제우스 앞에 나타났다.

그러고는 갑자기 홀로 지내는 시간이 매우 만족스럽긴 하지만 지하세계에서의 생활이 너무도 권태로우니 결혼을 하기로 했다며 공표했다.

그 상대는 바로 제우스의 세 누이 중 한 명인 데메테르의 딸 페르세포네였다.

그렇다면 페르세포네의 아버지는 누구일까? 그는 바로 자신의 누이이자 처제인 데메테르와 처음으로 외도를 거침없이 저지른 제우스였다.

이러한 이중의 불륜 관계에서 태어난 딸이 바로 페르세포네다.

여인들에게 언제나 관대했던 제우스는 데메테르에게 푸른 초원과 밭을 선물했고, 풀과 꽃과 나무를 자라게 하는 임무를 맡겼다.

그렇게 페르세포네는 어여쁜 여인으로 성장했다. 서로를 지극히 아끼던 두 모녀는 한 시도 떨어지는 일이 없었다. 그런 페르세포네를 하데스가 눈독 들였다.

하데스는 페르세포네가 분명 엄마와 헤어지려 하지 않을 것이고, 올림포스를 떠나 음울한 남편을 따라 죽은 자들의 세계에 처박혀 살고자 하지 않을 것임을 예상하였다. 그래서 제우스를 찾아와 강제로 그녀를 납치하는 일을 도와달라고 한 것이었다.

올림포스의 지배자는 그의 요청을 거절할 수 없었고, 협조하기로 했다.

계획은 며칠 뒤에 실행되었다. 데메테르와 함께 꽃이 핀 들판을 산책하던 페르세포네는 주위에 피어 있는 이름 모를 꽃 한 송이를 발견했다.

그 꽃은 제우스가 기회를 포착하기 위해 만들어 낸 수선화였다.

수선화를 따기 위해 페르세포네는 잠시 엄마 곁을 떠났다.

그 순간, 투구모를 쓰고 있어 투명 상태가 된 하데스가 페르세포네를 낚아챘고, 땅속 벌어진 틈 사이를 통해 지하세계로 끌고 내려갔다. 데메테르는 아무것도 보지 못했고, 그저 딸의 비명소리만 들었을 뿐이었다.

아
 아
  아
   아
    아
     아
      아

절망에 빠진 데메테르는 여기저기 딸을 찾아 나섰지만 소용없는 일이었다.

딸의 실종에 대해 아무 말도 하지 않는 제우스를 의심한 데메테르는 숨겨진 비밀을 그가 알고 있을 것이라는 생각에 협박하기 시작했다.

"내 딸을 되찾지 못한다면, 더 이상 식물이 자라지 않게 하겠어!"

꽃이 시들고, 땅과 풀이 말라가니 동물들도 모두 기운을 잃어갔다. 제우스는 결국 항복할 수밖에 없었다. 하데스에게 페르세포네를 다시 그녀의 엄마 품으로 되돌려 줄 것을 요구했다.

"그럴 수 없지! 아무리 잠깐 머무는 것이라고 해도 지하세계에 있는 동안 이곳의 음식을 입에 조금이라도 대면 반드시 지하세계에 머물러야 한다는 규칙이 있으니 말이야. 이를 어쩌나? 페르세포네는 여기 도착하자마자 석류 알갱이를 한 입 깨물었는걸!"

제우스는 데메테르와 하데스를 한 자리에 불러 협상을 제안했다. 긴 말다툼 끝에 어렵지만 비교적 절충적인 합의에 이르렀다. 페르세포네가 1년 중 4개월은 하데스와 함께 지하세계에서 보내고, 나머지 기간은 올림포스에서 데메테르와 함께 보낸다는 조약이었다.

그러나 데메테르가 한 가지 점에서만큼은 양보하지 않았는데, 바로 매년 딸을 보지 못하는 4개월 동안은 어떤 식물도 땅 위에 자라지 못하게 한 것이다.

그렇게 겨울이라는 척박한 계절이 탄생하게 되었다.

2

인간의 탄생

프로메테우스의 실수

두 형제와 세계를 나눠 다스리기로 한 후, 제우스는 땅 위에 살아가는 동물들의 삶을 구상하기 시작했다. 동물의 부류를 확실히 구별하고, 동물들 저마다 고유한 특징과 생존 수단을 선물하기로 했다.

제우스는 가장 똑똑한 협력자인 프로메테우스에게 이 일을 맡겼다.

그러나 프로메테우스는 좀 더 순수한 연구와 철학적이고 도덕적인 사색에 몰두하고 싶었기 때문에 그 일을 동생인 에피메테우스에게 떠넘기고 말았다.

에피메테우스의 이름에는 숨겨진 의미, '너무 늦게 생각하는 자'라는 뜻이 담겨 있다. '미리 생각하는 자'라는 뜻의 형 프로메테우스에 비해 경솔하고 체계적이지 못한 것도 이유가 있었다.

에피메테우스는 전체적인 계획도 세우지 않고 충동과 기분에 따라 자기 수중에 있던 해부 기관과 생명력을 분배하기 시작했다.

물고기에게는 물속에서 살 수 있도록 아가미와 비늘과 지느러미를 주었다.

새에게는 하늘을 날 수 있도록 날개와 깃털을 주었다.

사자에게는 용기를,

여우에게는 교활한 재치를,

뱀에게는 신중함을,

낙타에게는 절제를,

얼룩말, 산양, 산토끼에게는 빨리 달릴 수 있는 능력을 주었다.

코뿔소와 악어에게는 튼튼한 가죽을,

곰에게는 두꺼운 털을, 스라소니에게는 날카로운 시력을,

카멜레온에게는 변신할 수 있는 능력을 주었다.

에피메테우스는 가지고 있던 기관과 능력을 전부 나눠주고 난 후에야 마지막 동물인 인간에게 아무것도 줄 게 없다는 사실을 깨달았다.

지느러미나 날개도 없고, 갈고리나 날카로운 발톱도 없고, 두꺼운 가죽이나 털도 없는 이 불쌍한 종족이 자연의 공격에 맞서 어떻게 생존할 수 있단 말인가?
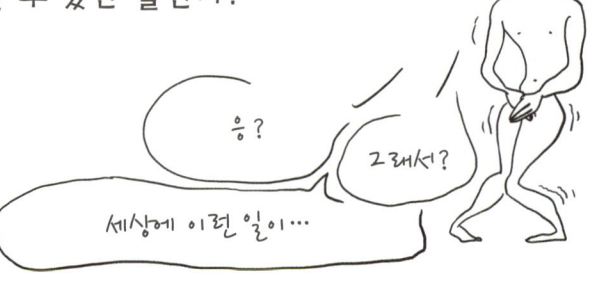

당황한 에피메테우스는 그의 실수를 형에게 알렸다. 인간에 대한 연민과 애정을 갖게 된 프로메테우스는 인간들을 돕기로 마음을 먹었다.

그는 신성한 불을 살짝 훔쳐 내어 횃불을 붙인 다음 인간에게 선물했다.

그 덕에 인간들은 추위를 피하고 음식을 익혀 먹고 무기와 도구, 나중에는 기계까지 만들 수 있는 수단을 갖게 되었다.

여기서 끝이 아니었다. 프로메테우스는 인간에게 더 큰 자비를 베풀었는데…

인간을 고통스럽게 만들 수 있는 온갖 악함들,

질병, 슬픔, 미움, 질투, 분노, 샘, 거짓말 따위들을

한데 모아 상자 안에 가둔 다음 에피메테우스에게 절대로 열지 말 것을 명령했다.

마지막으로 인간에게 좀 더 확실한 도움을 주기 위해, 제물을 바쳐 신들의 은총을 얻는 방법도 가르쳐주었다. 하지만 이 일은 곧 제우스가 용서하지 않을 속임수의 계기가 되었다.

프로메테우스는 최초의 인간들을 모아놓고, 신들에게 봉헌하는 방법을 가르쳐주기 위해 아주 기름진 소 한 마리를 죽여 두 부위로 나누도록 했다.

"첫 번째는 소화가 가장 안 되는 부위인 뼈, 뿔, 심장, 허파 따위고,

두 번째는 육질이 가장 좋은 부위입니다."

그러고는 첫 번째 부위들은 냄새와 빛깔이 좋은 지방질로 먹음직스럽게 포장하도록 했고,

두 번째 부위들은 비릿한 소의 핏자국이 묻은 가죽으로 대충 감싸도록 했다.

아! 이것을 바로 마케팅이라고 합니다! 잘 보시고… 골라보세요!

각기 다른 포장을 보고 둘 중에서 선택을 해야 했던 제우스는 마트에서 여느 고객들이 그러하듯이, 겉포장에 현혹되어 먹음직스럽게 쌓인 나쁜 부위들을 선택하고 말았다.

제우스는 포장을 풀어보고 비로소 선택을 잘못했다는 것을 깨달았지만 이미 때는 늦었다.

이후 고대인들은 자신들도 원치 않는 것들을 신들에게 제물로 바치면서도 아주 뻔뻔하게 희생하는 듯한 거짓된 태도를 보이곤 했다. 이렇게 모욕을 당한 제우스는 곧 프로메테우스와 인간들에게 복수할 결심을 하게 된다.

프로메테우스의 형벌

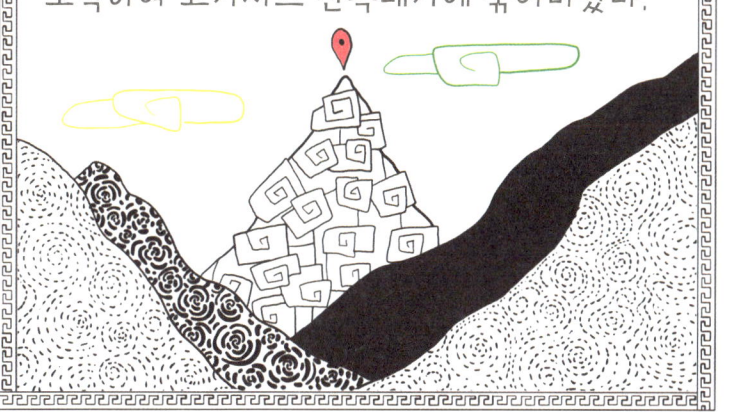

티탄족과의 전쟁, 기간테스족의 반란을 제압하는 전쟁을 치르는 동안 프로메테우스가 세웠던 위대한 공은 모두 잊은 채 제우스는 그를 포박하여 코카서스 산꼭대기에 묶어버렸다.

그곳에서 하루에 두 번씩 자신이 키우는 독수리를 시켜 프로메테우스의 간을 쪼아 먹도록 했다.

이러한 형벌을 내린 후 며칠 뒤, 제우스는 프로메테우스를 찾아가 말했다.

"너는 불사신이니 형벌은 영원히 지속될 것이다."
"하지만 만약 인간에게 퍼뜨려야 하는 온갖 악과 고통을 어디에 숨겨 두었는지 털어놓는다면 네 죄를 사할 수도 있다."

"나는 모릅니다."

프로메테우스는 제우스의 회유에 흔들리지 않고 단호하게 거부했고, 불의와 폭정에 대한 굳센 저항을 인류에게 몸소 보여준 최초의 모범이었다.

"만세!"

프로메테우스를 가엾게 여긴 신들의 말에도 불구하고 제우스는 이번만큼은 절대로 뜻을 굽히지 않았다. 아내 헤라의 비난에도 잔인하게 빈정거릴 뿐이었다.

"프로메테우스를 불쌍하게 여기느니, 차라리 매 끼니를 그놈 간으로 해결해야 하는 불쌍한 내 독수리나 동정하겠어!"

흠...

꾸엑

판도라

제우스는 인류에 대한 악과 고통을 어디에 가두었는지 알아내지 못했기 때문에 그것을 대신할 수 있는 새로운 재앙을 고안해내기로 했다.

인류에게 복수하기 위한 최고의 도구는 바로 여자였다.

이제야 말하지만, 인간은 원래 남자들로만 구성되어 있었다. 여러분을 좀 더 놀라게 하려고 이제껏 사실을 밝히지 않았다.

이 행복했던 시기를 옛날 사람들은 '황금기'라고 불렀다.

하지만 제우스가 그의 형제자매들과 다른 여러 신들의 도움으로 인간 여자를 만들어 낸 그 날, 황금기는 끝이 난다.

제우스는 최초의 인간 여성에 수많은 신체적 매력과 인류에게 엄청난 재난을 불러일으킬 기폭제가 되기를 희망하면서 단 하나의 결함을 불어넣었다.

바로 호기심이란 결함이었다.

자신이 만든 피조물에 만족한 제우스는 최초의 인간 여성에게 '판도라'라는 이름을 붙여주었는데, '모든 재능을 가진 여인'이라는 뜻이었다. 그리고 그녀를 지상으로 내려보냈다.

판도라가 땅에서 제일 먼저 만난 사람은 형이 벌을 받게 된 후 인간 세계에서 살고 있었던 경솔한 에피메테우스였다.

에피메테우스는 판도라의 아름다움, 부드럽고 순결하며 천진난만한 모습에 반하고 말았다.

그러고는 자기 집에서 함께 살자고 했다.

다음 날, 급한 일이 있어 밖에 나가야 했던 에피메테우스는 판도라를 홀로 집에 남겨두었고, 판도라는 곧바로 집 구석구석을 둘러보기 시작했다.

그러던 중 판도라는 프로메테우스가 동생에게 맡긴, 인류에게 재앙을 가져다 줄 모든 악을 가둔 바로 그 상자를 발견했다.

상자 위에 '어떤 이유에서든 절대 열지 마시오'라고 쓰인 글귀는 판도라의 호기심을 더욱 자극했다. "에피메테우스가 눈치채지 못할 거야!" 판도라는 상자를 열고 말았다.

그러자 증오, 시기, 죄, 후회, 질투, 고뇌 같은 악함과 신체와 영혼에 관한 온갖 질병이 마치 회오리처럼 상자에서 빠져나와 세상에 퍼져나갔다.

에피메테우스는 집에 돌아와 뚜껑이 열린 채 놓인 텅 빈 상자를 보고 망연자실했다.

그런데 상자가 완전히 비어 있던 것은 아니었다.

밑바닥 깊은 한구석에 아주 작은 또 하나의 상자가 있었다.

에피메테우스는 종이로 싸인 상자 위에 적힌 글을 읽었다.

"유사시 여시오."

그 속에는 최악의 경우를 예상했던 프로메테우스가 숨겨 둔 유일한 해독제가 있었다. 그것은 인간이 살면서 겪을 모든 고통스러운 일에 대한 해독제로, 모든 질병에 대한 보편적인 치료제이자 온갖 괴로움을 덜어줄 수 있는 위안이 되기도 했다.

에피메테우스는 떨리는 손으로 상자를 열었다.

그 안에서 빠져나온 것은 바로 '희망'이었다.

3 제우스의 여인들

인간 여자를 창조하면서 제우스가 세웠던 첫 번째 목표는 인간의 행복을 방해하는 것이었다. 하지만 또 한편으로는, 올림포스의 여신들과의 연애만으로는 더 이상 충족할 수 없는 사랑에 대한 그의 뜨거운 욕망을 더 넓은 탈출구를 만들어 채우고자 하는 속셈도 없지 않았다. 실제로 제우스의 여성 편력을 살펴보면 여신들 못지않게 수많은 인간 여인들이 포함되어 있다.

질투의 여신 헤라

헤라는 제우스의 첫 번째 동반자이자 유일한 정식 아내이며, 또한 그의 누이이기도 하다.

헤라는 제우스와의 사이에서 세 아이를 낳았는데, 위대한 신들의 피를 물려받은 이들에 대해서는 곧 이야기하도록 하겠다.

헤라는 출산과 결혼에 있어서 여신들 중 가장 으뜸의 자리에 있었지만, 여신들 사이에서 반감을 사는 데도 단연 으뜸이었다.

늘씬하게 키도 크고 아름다웠지만 대리석 조각상처럼 차가운 헤라는 허영심이 많고 예민하며 까다로웠다.

헤라는 다른 누구보다 자신이 훨씬 월등하다고 생각했고, 다른 여신들과 모든 여인을 험담하며 끊임없이 남편을 비난했다. 남편이 술을 너무 마시는 것 같으면 넥타르를 아예 숨겨버렸다.

특히, 제우스가 다른 여자들과 바람을 피운다는 의심을 하기 시작하면 그것의 사실 여부와 관계없이 참을 수 없는 질투심으로 상대를 끝까지 쫓아다니며 괴롭히고 복수를 하고야 말았다.

문제는 헤라의 이러한 질투심을 자극하는 순간이 쉴새 없이 발생했다는 것이다.

레다와 백조

어느 날, 제우스는 스파르타의 왕 틴다레오스의 젊은 왕비 레다를 유혹해볼 생각을 품었다.

내성적인 성격을 타고난 레다에게 거부감 없이 자연스레 다가갈 수 있는 방법을 모색했다.

그러던 중 그녀가 아름다운 백조들이 놀고 있는 호숫가 산책을 즐기고, 특히 백조들을 매우 좋아한다는 것을 알게 되었다.

그리하여 제우스는 백조로 변신하기로 했다.

그러고는 자신이 키우는 독수리에게 레다가 산책하는 호수 근처로 날아와 백조로 변한 자신을 낚아채는 척하라고 시켰다.

가짜 백조의 찢어지는 듯한 비명에 놀란 레다는 그녀의 두 팔로 백조를 감쌌다.

그녀의 품 안에 안기자마자 제우스는 신의 모습으로 돌아와 뻔뻔하게 그녀를 안았다.

헤라는 남의 말을 하기 좋아하는 사람들에게서 이 소식을 전해 들었지만, 불같은 성격의 남편을 겁낸 탓에 그에게는 아무런 항의도 하지 못하고 불운한 레다에게 대신 그 복수를 하기로 결심했다. 헤라는 기발한 생각을 떠올려 레다의 뱃속에 아주 커다란 알 두 개를 집어넣었는데, 그 알이 너무나 커서 그것을 밖으로 꺼내는 순간 레다는 숨을 거두고 말았다.

이 두 개의 알 중 하나에서는 여자 쌍둥이인 헬레네와 클리타임네스트라가, 다른 알에서는 남자 쌍둥이인 카스토르와 폴리데우케스가 나왔다.

납득하기 어려운 이 기이한 출생의 비밀을 가진 네 명의 쌍둥이 중 셋은 인간이었고 폴리데우케스만이 유일하게 신이었다.

이들에 대해서도 후에 다시 이야기하도록 하겠다.

에코의 메아리

헤라의 복수는 때때로 그녀 자신에게 되돌아오기도 했다.

어느 날, 헤라는 에코라는 어린 님프가 제우스와 사랑에 빠졌다는 사실을 알게 되었다.

차마 에코를 죽일 수는 없었으므로(에코는 불멸의 님프다) 그녀의 말하는 능력을 최대한 빼앗아 다른 사람이 그녀에게 말을 걸면 그 마지막 음절만을 되풀이하도록 만들어버렸다.

그래서 누군가 에코에게 "듣고 있니?"라고 물으면,

"있니? 있니? 있니…"

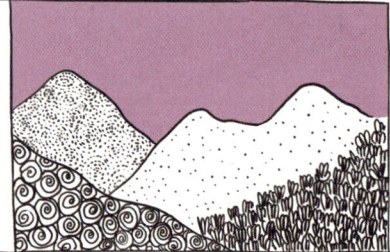

또 "에코, 거기 있어?" 하면,

"있어? 있어? 있어…"

문제는 에코를 이렇게 만든 헤라의 잔꾀가 그녀 자신을 곤란에 빠뜨리게 되었다. 에코와의 일이 있고 얼마 후, 제우스가 또 다른 여자의 뒤꽁무니를 따라다닌다고 의심한 헤라가 남편을 찾아 사방으로 헤매다 우연히 에코를 마주쳤다.

"너, 제우스 어디 있는지 알지?"

"알지? 알지? 알지…"

"여기 어딘가에 숨어 있는 거 나도 잘 알고 있으니까, 내 남편이 누구와 함께 있는지만 말해. 어떤 여자야?"

"여자야? 여자야? 여자야…"

"그래! 당연히 여자겠지! 그게 누군지 이름을 말할 수 없어?"

"없어? 없어? 없어?"

"넌 지금 내가 배신당하고 농락당하는 걸 즐기는 거지, 그렇지?"

"뭐라구!"

"그렇지? 그렇지? 그렇지?"

아르고스의 눈과 공작새

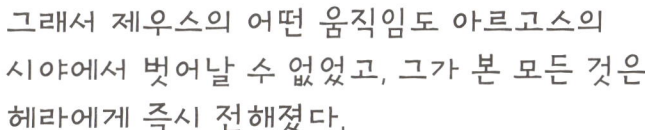

바람둥이 남편을 더 잘 감시하기 위해서 헤라는 스파이의 도움을 받기로 했는데, 그의 이름은 바로 아르고스였다.

아르고스의 눈은 100개나 되어 꽤 유능한 스파이였다. 심지어 잠을 잘 때도 눈 50개는 항상 뜨고 있을 수 있었다.

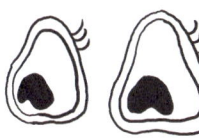

그래서 제우스의 어떤 움직임도 아르고스의 시야에서 벗어날 수 없었고, 그가 본 모든 것은 헤라에게 즉시 전해졌다.

이 귀찮고 성가신 감시에서 벗어나기 위해 제우스는 오믈렛을 만들 테니 아르고스에게 양파를 까달라고 했다.

알다시피 양파 껍질을 벗기는 일만큼 눈물범벅이 되는 일도 없다.

100개나 되는 아르고스의 눈에서 쏟아 내리기 시작한 눈물은 말 그대로 홍수를 이루었고, 불쌍한 아르고스는 그 속에 빠져 익사해버렸다.

아르고스를 잃고 슬픔에 빠진 헤라는 그의 몸을 공작새로 바꾸고, 꼬리에는 아르고스의 백 개의 눈을 붙여 주었다.

언젠가 공작새가 꼬리를 부채처럼 활짝 펼치는 모습을 보게 된다면, 거기에 여전히 아르고스의 눈들이 박혀 있다는 것을 볼 수 있을 것이다.

그날 이후 공작새는 헤라가 가장 아끼는 동물 중 하나가 되었고, 헤라가 타고 다니는 마차는 네 마리의 공작새가 끌게 되었다. 그리고 제우스는 연애 놀음을 더 쉽게 탐닉할 수 있었다.

세멜레와 디오니소스

인간 여자들을 유혹하기 위해 제우스는 흔쾌히 다양한 모습으로 변신했다. 때로는 백조로, 때로는 황소로, 때로는 비로 변신하기도 했다.

테베의 어린 공주였던 세멜레를 유혹하려 했을 때, 제우스는 처음에 인간의 모습을 하고 나타났다.

제가 한 잔 사드리죠.

하지만 세멜레가 강력히 저항했기 때문에, 결국 자신의 진짜 정체를 밝힐 수밖에 없었다. 그제야 세멜레는 제우스를 받아들였다.

제 이름은 우스예요, 제우스…

그러나 그녀도 판도라의 후예였으니, 어쩔 수 없는 호기심에 사로잡혀 올림포스의 지배자가 진짜로는 어떤 모습인지 알고 싶어 견딜 수 없었다.

"약속해주세요, 저를 기쁘게 해주겠다고요." 어느 날 밤 세멜레가 제우스에게 말했고, 경솔하게도 제우스는 그렇게 하겠다고 대답했다.

"제게 신의 완전한 진짜 모습을 보여주세요." 세멜레가 부탁했다.

제우스는 그 어떤 인간도 신의 본모습을 견뎌낼 수 없다는 것을 잘 알고 있었지만, 약속은 반드시 지킨다는 원칙 때문에 어쩔 도리가 없었다.

"약속대로 당신이 원한 것이니 후회는 마시오." 제우스는 슬프게 말하며 신의 모습으로 돌아갔다. 그 즉시 세멜레는 횃불처럼 불타버렸다.

그녀는 마지막 숨을 거두기 직전, 제우스에게 이렇게 소리쳤다.
"내 배 속에 있는 당신의 아이를 구해주세요!"
제우스는 황급히 세멜레의 배 속에서 몇 주 지나지 않은 태아를 꺼냈고, 어쩔 줄 몰라 하다 자신의 엉덩이에 집어넣어 버렸다. 몇 달 후, 별 탈 없이 잉태 기간을 보낸 끝에 제우스의 엉덩이에서 디오니소스가 태어났다.

디오니소스는 인간의 아들이었기 때문에 이론대로라면 반신(半神)이거나 혹은 영웅이어야 할 것이다. 하지만 제우스가 몸속에 품었다가 낳은 아이였기에 제우스는 그를 완전한 권리를 가진 신으로 만들기로 결심했다.

어른으로 성장한 디오니소스는 엄마의 혈통 때문이었는지 인간에 대한 각별한 애정을 품었고, 인간에게 남다른 도움을 주려고 했다.

이전에 이미 프로메테우스가 인간에게 희망을 주면서 정신과 육체의 고통을 잘 견뎌낼 수 있도록 했다.

몇몇 염세적인 철학자들이 실재론과 더불어 주장하는 말처럼, 인간이 가질 수 있는 가장 야심찬 계획이 결국 고통의 완화라고 한다면 프로메테우스의 도움은 의미가 상당하다.

하지만 디오니소스는 쇼펜하우어나 프로이트를 읽지 않았음에도, 마르지 않는 쾌락과 즐거움의 향연을 인간에게 알려줌으로써 프로메테우스보다 더 나은 일을 하고 싶었다.

그는 인간에게 포도주를 선물했다.

그리고 포도 재배 기술을 선사하고, 술에 대한 예찬론을 퍼뜨리는 일에 그의 삶을 바쳤다.

그는 목신들, 숲의 님프들, 여사제들을 앞세워 이 나라 저 나라를 돌아다녔다.

그의 동반자였던 두 명의 신은 그의 곁을 떠나지 않았다.

그중 하나는 술에 절어 붉어진 얼굴과 툭 튀어나온 배를 가진 실레노스였다.

그를 당나귀에 태워 옮기려면 두 명의 보조가 필요할 정도였다.

또 한 명의 신은 다른 목신들처럼 털북숭이인데다 머리에 뿔이 나고 산양의 발을 가진 판(Pan)이었다.

그는 언제나 님프들의 뒤를 졸졸 쫓아다녔는데, 너무나 못생긴 얼굴 때문에 님프들이 겁에 질려 '패닉'[1] 상태로 도망치곤 했다.

제우스는 올림포스 꼭대기에서 종종 디오니소스가 이끄는 이 즐거운 행렬을 흐뭇하고 너그러운 마음으로 지켜보았다. 그럴 때면 그의 아들이 인간에게 느끼는 애정을 함께 나누고픈 마음이 생기곤 했다.

판은 술을 마시며 자신이 만든 오관피리를 불면서 마음을 달랬다.

1) '갑작스런 공포', '겁에 질린'을 의미하는 패닉(panic)은 목신인 판(Pan)의 이름에서 유래했다(역주).

알크메네와 헤라클레스

제우스의 부드러움과 애정은 주로 여자들에게만 향했다. 세멜레가 살아있을 때 그녀를 만나러 테베를 오가던 중에도, 제우스는 알크메네라는 엄청난 미인을 이미 눈독 들이고 있었다. 그리고 불쌍한 세멜레가 죽자마자 알크메네를 탐하기 위한 계획도 벌써 마련해 둔 상태였다.

알크메네는 테베의 장군 암피트리온의 아내였는데, 그녀의 남편은 업무상 집을 자주 비우곤 했다. 모범적이고 한결같이 정절을 지키는 아내였기에 그는 아무 걱정도 하지 않았다.

물론 제우스도 그 점을 잘 알고 있었다…

그래서 제우스는 암피트리온이 집을 비운 틈을 타 그의 모습으로 변신하여 알크메네 앞에 나타났다.

알크메네는 자기 남편이(어쩌면 남편이라고 착각한 척했는지도 모르지만) 평소보다 일찍 돌아온 것을 보고 조금 놀라면서도 활짝 웃으며 따뜻한 애정으로 맞이했다.

몇 달 후, 알크메네는 두 명의 아들을 낳게 되었다.

그중 하나는 암피트리온의 아들인 이피클레스,

다른 한 명은 제우스의 아들인 헤라클레스로, 인간 세상은 머지않아 그의 서사로 가득 차게 된다.

4

명사수 아폴론과
아르테미스

아폴론과 아르테미스는 제우스가 두 번째 서열의 여신 레토와 잠깐 가졌던 외도로 태어난 쌍둥이 남매이다.
출산일이 다가오자 라토는 헤라의 복수가 두려워 델로스의 아주 작은 섬으로 몸을 숨겼고, 그곳에서 두 아이가 태어났다. 둘은 함께 자라며 변치 않는 우애를 쌓았고, 둘 다 활쏘기에 취미를 가졌을 뿐만 아니라 남다른 솜씨로 더욱 끈끈한 관계를 맺고 있었다. 하지만 둘의 성격은 매우 달랐다.

태양의 신 아폴론

금발의 출중한 외모를 지닌 아폴론은 그리스에서 가장 아름다운 남신이다.

아폴론은 시, 음악, 의술과 같은 예술의 수호신이었다. 당시 의술은 오늘날과는 달리 과학이라기보다는 예술로 여겨졌었지만, 그렇다고 환자들이 죽어가는 것을 막을 수는 없었다.

하지만 아폴론은 무엇보다도 태양의 신이었다.

매일 아침 정확한 시간에 네 마리의 혈기 왕성한 말이 이끄는 마차에 태양을 매달고 하늘을 한 바퀴 돌았다.

단 한 번을 제외하고는 매일 그렇게 했다. 신중하지 못해 벌어진 그 단 한 번의 실수는 자식에게 약한 아버지의 모습과 지나치게 경거망동한 자식에 대한 이야기로 훗날 회자가 될 만한 것이었다.

아폴론의 아들 파에톤

아폴론에게는 여러 명의 아들이 있었다. 그중 한 명이 바로 파에톤이다. 말 그대로 '아버지 덕에 사는 아들'이었다.

자신의 출신에 대한 지나친 자만심 때문에 친구들에게 자랑을 일삼았고, 아버지가 사준 수많은 선물을 뽐내느라 여념이 없었다.

파에톤은 특히 아폴론의 태양 마차 이야기를 할 때면, 마치 백만장자의 아들이 아버지의 슈퍼카를 자랑하는 모습과 똑 닮아 있었다.

"야, 근데 넌 그 마차를 몰 줄도 모르잖아." 어느 날 친구 한 명이 말했다.

정곡을 찔린 것일까. 파에톤은 그 즉시 아폴론을 찾아가 아부를 떨며 시원한 넥타르 한 잔을 따르고는 이윽고 말을 꺼냈다.

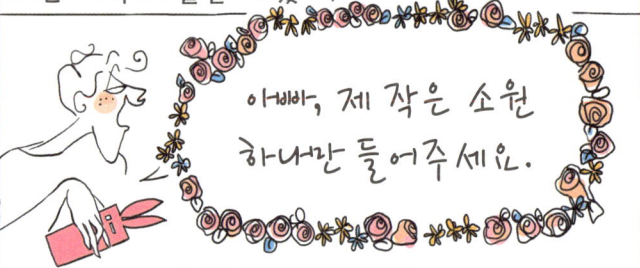

"신성한 스틱스 강에 맹세하마, 소원을 말해 보아라." 아폴론이 말했다.

그런데 스틱스 강을 걸고 한 맹세는 그리스 신들에게 결코 어겨서는 안 되는 것이었다. 만일 맹세를 어긴다면,

물론 파에톤은 그 사실을 아주 잘 알고 있었다.

올림포스에서 추방당하고 넥타르와 암브로시아를 박탈한 채 최소 3개월에서 최대 6개월까지 다른 곳에 머물러야 하는 형벌이 부과되며, 재범일 경우에는 그 형량이 더 무거워진다.

"태양 마차를 제가 하루만 몰 수 있게 해주세요." 그는 아주 침착하게 자신의 소원을 구체적으로 말했다.

\#태양마차
\#셀럽라이프

아폴론은 어떻게 해서든 아들을 설득하고자 했다. 마차를 끄는 혈기 왕성한 말들은 오직 아폴론에게만 복종하기 때문에 태양이 지나가야 하는 궤도와 시간을 정확하게 지켜 마차를 모는 것이 쉽지 않았다. 아폴론은 자신이 장담할 수 없는 심각한 사고의 위험이 있다며 아들을 회유하려 했지만 소용이 없었다.

아폴론은 약속을 지켜야만 했다.

다음 날 새벽, 파에톤은 말의 고삐를 잡았고 마차는 돌진했다.

마차를 모는 자가 평소 그들을 이끄는 주인이 아니라는 것을 느끼자마자 말들은 그 즉시 마구 날뛰기 시작했다.

말들은 순식간에 하늘 꼭대기로 마차를 끌고 갔는데, 그 지점은 정오에나 도달해야 하는 곳이었다.

땅에서는 혼란과 놀라움의 연속이었다.

아내들은 아침 준비에 한창이었는데, 남편들은 벌써 점심을 달라고 했다.

아이들은 교실에 들어서자마자 다시 하교하려 했다.

농부들은 아침 내내 한 이랑의 밭도 갈지 못했다는 사실에 깜짝 놀랐다.

그 순간, 말고삐를 약간 통제할 수 있었던 파에톤은 왔던 길을 되돌아가도록 마차를 몰았다. 이로써 역사 이래 처음이자 마지막으로 태양이 서쪽에서 동쪽으로 움직였다.

미다스

아들의 비극적인 죽음에 상심한 아폴론은 음악으로 위안을 삼았다.

아폴론은 그리스인들이 아주 높게 평가하는 기타와 비슷하게 생긴 칠현의 악기인 리라 연주에 열정을 쏟으며 거장의 솜씨를 갖게 되었다.

딱히 겸손의 미덕은 없었기에, 아폴론은 이때부터 스스로를 세상에서 가장 뛰어난 리라의 대가로 여겼고 이는 전혀 근거가 없는 말은 아니었다.

아폴론의 리라 실력이 칭송받을 기회는 곧 주어졌다. 미다스라는 왕이 지배하던 그리스의 한 도시에서 왕명으로 리라 경연 대회가 열렸기 때문이다.

자신이 우승자가 될 거라는 사실을 한순간도 의심치 않던 아폴론은 변장을 하고 가명을 사용하여 경연 대회에 참가했다.

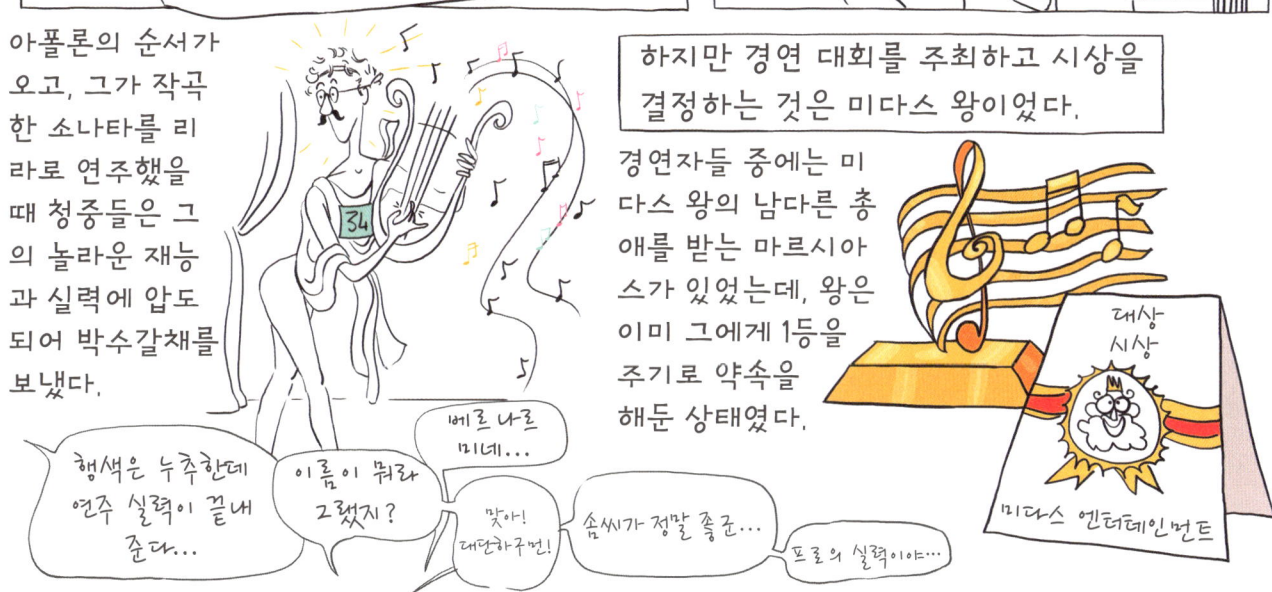

아폴론의 순서가 오고, 그가 작곡한 소나타를 리라로 연주했을 때 청중들은 그의 놀라운 재능과 실력에 압도되어 박수갈채를 보냈다.

하지만 경연 대회를 주최하고 시상을 결정하는 것은 미다스 왕이었다.

경연자들 중에는 미다스 왕의 남다른 총애를 받는 마르시아스가 있었는데, 왕은 이미 그에게 1등을 주기로 약속을 해둔 상태였다.

마르시아스도 음악적 재능이 있었고, 당시에는 완전히 새로운 악기였던 금관의 플루트를 갖고 있는 유일한 인물이었다. 그가 들판에서 플루트를 발견했던 것은 매우 신비한 우연이었다.

물론 거장의 실력을 지닌 아폴론에게는 비하지 못했지만 경연 대회의 유일한 심사위원인 미다스 왕과 절친한 친구라는 엄청난 이점이 있었다.

그래서 미다스는 아폴론이 몇몇 음을 잘못 연주하여(물론 아폴론은 인정하지 않았다) 일등상은 마르시아스에게 부여한다는 부당한 결과를 발표했다.

자존심에 상처를 입은 아폴론은 한 발짝 물러섰지만, 미다스를 향한 복수를 결심했다.

아폴론의 머릿속에 한 가지 재미난 생각이 스쳤다. 음악을 들을 줄 모르는 미다스를 벌하기 위해 그의 귀를 당나귀 귀로 만들어 버리는 것이다.

당나귀 귀를 갖게 된 미다스는 그의 불행을 감추기 위해, 마치 요즘 대스타들이 탈모를 감추려고 하는 것처럼 언제나 모자를 쓰고 다녀야 했다.

그래서 아무도 그의 귀를 볼 수 없었다.

아무도?

아니, 단 한 사람에게만은 감출 수 없었다. 그는 바로 미다스의 이발사였다.

그래서 미다스는 이발사에게 그의 비밀을 절대로 그 누구에게도 발설하지 않겠다는 맹세를 받아냈고, 이를 어긴다면 엄중한 벌을 내리겠다고 협박했다. 이발사는 처음 얼마간은 그 약속을 지켰다.

하지만 이발사는 입이 간질거려 더 이상 참을 수 없었고, 어떤 벌을 받더라도 누군가에겐 아니 최소한 그 사실을 소문내지 않을 어떤 사물에라도 쏟아내야만 했다.

그는 땅속에 구멍을 판 다음 몸을 숙여 구멍에 대고 중얼거렸다.

그러고는 다시 황급히 구멍을 막고, 비밀이 땅에 잘 묻혔다는 생각에 마음이 놓여 집으로 돌아갔다.

그런데 몇 주 후, 그 구멍 위로 갈대가 자라더니 바람이 불 때마다 흔들리며 이발사가 영원히 묻어버렸다고 믿었던 비밀이 들리기 시작했다. 어느새 그곳을 지나가는 모든 사람이 이 비밀을 알게 되었다.

갈대의 가느다란 목소리 때문에 마치 지방 사투리처럼 불분명하게 들리기는 했지만, 그 의미만은 정확했다.

"임금님 귀는 당나귀 귀…"

모든 사람이 아주 분명하게 알아들을 수 있었다.

당황하고 수치스러웠던 미다스는 그가 갖게 된 불행의 이유와 가해자의 정체를 알아내었다. 그는 아폴론에게 용서를 구하기 위해 자신이 아는 모든 신들과 인간들을 끌어들였다.

아폴론은 미다스에게 원래의 귀를 되돌려주겠다고 했으며, 너그러운 마음으로 그간 겪었을 고통에 대한 보상이라는 뜻에서 미다스가 원하는 소원을 하나 들어주겠다고 했다.

한 치 앞도 내다보지 못했던 현명함이 부족한 미다스는 아폴론에게 '자신이 만지는 모든 것들을 금으로 변하게' 해달라고 부탁했다.

"좋아, 그렇게 해주지." 아폴론은 대답하며 속으로는 쾌재를 불렀다.

미다스는 다시 원래대로 돌아온 자기 귀를 믿을 수 없었다.

꿈이 아니라는 것을 확인하기 위해서, 첫 번째로 주머니에 있던 구리 동전 몇 개를 꺼내어 손에 쥐어 봤다.

그러자 구리 동전은 금세 순도의 금 동전으로 바뀌었다.

이번에는 마구간으로 내려가 마부가 아직 치우지 않은 말똥을 모아 손을 갖다 대었는데, 그것들 역시 전부 금덩어리로 변해버렸다. 미다스는 이 모든 게 현실이라니 기뻐서 어쩔 줄 몰랐다.

그가 원하기만 하면 세상에서 가장 위대한 부자가 될 수 있다는 생각과 함께 갑자기 식욕이 생기기 시작했다.

미다스는 요리사에게 그가 제일 좋아하는 음식인 크림소스를 얹은 양배추 요리를 해달라고 했다.

당시에는 포크 같은 식기를 사용하지 않고 왕들도 손으로 음식을 집어 먹었다.

미다스는 윤기가 줄줄 흐르는 먹음직한 파이와 크림이 잔뜩 묻은 빵, 바삭하게 굳은 캐러멜을 손으로 집어 입으로 옮겼고, 그것들은 입 속에 채 닿기도 전에 전부 진귀하고 값비싸지만 먹을 수 없는 황금으로 변해버렸다.

그리하여 불쌍한 미다스는 그의 탐욕 때문에 황금을 산처럼 쌓아놓고도 배가 고파 굶어 죽을 지경이 되었다.

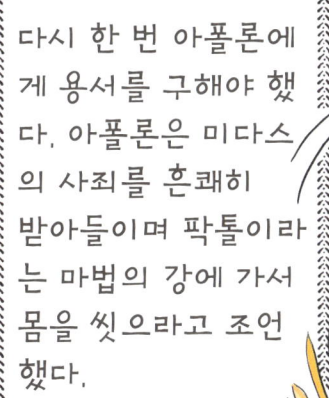

다시 한 번 아폴론에게 용서를 구해야 했다. 아폴론은 미다스의 사죄를 흔쾌히 받아들이며 팍톨이라는 마법의 강에 가서 몸을 씻으라고 조언했다.

미다스가 그곳에서 몸을 씻은 후, 팍톨의 강물 속에는 반짝이는 금 조각들이 발견되었다고 한다.

코로니스와 까마귀

아폴론은 아버지 제우스처럼 소문난 바람둥이였다.

아폴론의 빛나는 외모를 마다할 여인은 거의 없었다.

여인들을 유혹하기에 그의 미모는 충분했지만, 사랑을 유지하는 데는 그렇지 못한 경우가 많았다.

대부분의 미소년이 그렇듯 아폴론도 쉽게 사랑을 얻었지만, 대개는 일시적인 만남으로 끝나버렸다.

하지만 태양신의 질투가 두려워 자신이 저지른 부정을 숨기려 했고, 얼마간은 그렇게 할 수 있었다.

코로니스라는 젊은 여인과의 관계가 특히 그랬다.

그녀는 사람들이 알아보지 못할 거라고 생각하며 높은 벽으로 둘러싸인 정원에서 애인과 만남을 가졌다.

코로니스는 아폴론의 접근에 빠른 반응을 보였지만, 그녀 역시 금세 그를 지루하게 여기고 다른 평범한 인간 남자를 사귀며 배신했다.

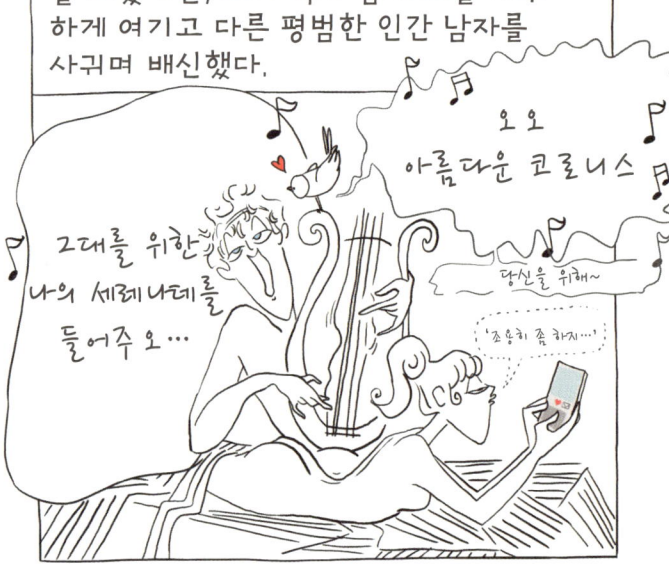

불행하게도 이 비밀 정원 위를 날고 있던 까마귀 한 마리가 애인과 함께 있는 코로니스를 알아보고 말았다.

까마귀는 아폴론이 총애하던 새였다.

당시의 까마귀는 때묻지 않은 눈부신 흰 깃털을 갖고 있었다.

코로니스가 바람피우는 현장을 목격한 까마귀는 서둘러 아폴론에게 날아가 고자질했다.

까마귀의 말에 불같은 질투심에 사로잡힌 아폴론은 코로니스에게 화살을 쏘아 치명적인 상처를 입혔다. 코로니스는 숨을 거두기 직전 아이를 낳는데, 아폴론에게 아이를 돌봐 주기를 부탁했다.

아폴론은 깊은 후회를 하게 되고, 아이를 거두어 아스클레피오스라는 이름을 붙인 다음 인간의 병을 낫게 해주는 최초이자 최고의 의사로 만들기로 했다.

한편, 아폴론에게서 고발에 대한 포상을 받을 것이라 기대했던 까마귀는 포상은커녕 오히려 비열한 행동에 대한 벌을 받아 그 후로 깃털이 검게 변해버렸다.

순결의 아르테미스

바람둥이 아폴론에 비해 쌍둥이 누이 아르테미스는 정숙했다.

한 번도 말하지 않았지만 오빠를 아끼고 사랑했기 때문에 다른 신들이나 남자들에게는 어떠한 관심을 보이지 않았다.

그래서 같은 취미를 가진 다른 님프들과 어울리며 아르테미스가 가장 좋아했던 사냥에 온 시간과 열정을 쏟았다.

뜨겁게 타오르는 태양의 신이 아폴론이었다면, 아르테미스는 차가운 달의 여신이었다.

어두운 밤이면 숲과 들판의 더운 열기를 식히고 환한 달빛으로 밝혀주는 것이 바로 아르테미스였다.

아르테미스를 훔쳐본 악타이온

아르테미스는 차갑고 정숙한 성격인데다 제우스 가문의 모든 신들처럼 단호하고 냉정한 면도 있었다. 어느 날 친구들과 함께 사냥을 나간 아르테미스는 샘물 근처에서 잠시 길을 멈췄다.

그러고는 님프들과 함께 속옷도 전부 벗어 던지고, 맑고 시원한 샘물에 몸을 담그며 장난치기 시작했다.

그때 악타이온이라는 젊고 잘생긴 사냥꾼 청년이 한 무리의 사냥개를 이끌고 사냥을 하던 중 우연히 그곳을 지나던 참이었다.

그가 만일 눈앞에 있는 인물이 누구인지 알았더라면 아무것도 못 본 척 지나갔을 것이다. 마치 목욕하고 있던 빅토리아 여왕을 우연히 목격한 한 영국 신사가 "아저씨 죄송합니다"라고 말하며 위기를 모면했다는 일화처럼 말이다.

하지만 악타이온은 신중하지 못했고 호기심 가득한 눈빛과 감탄을 섞어가며 매력적인 여인들의 나체를 열심히 훔쳐보았다.

불쾌함을 느낀 아르테미스는 몇 방울의 물을 끼얹어 악타이온을 사슴으로 만들어 버렸다.

악타이온은 기겁하며 도망쳤지만,
그의 개들에게 추격을 당하고
결국 개의 먹이가 되어
죽고 말았다.

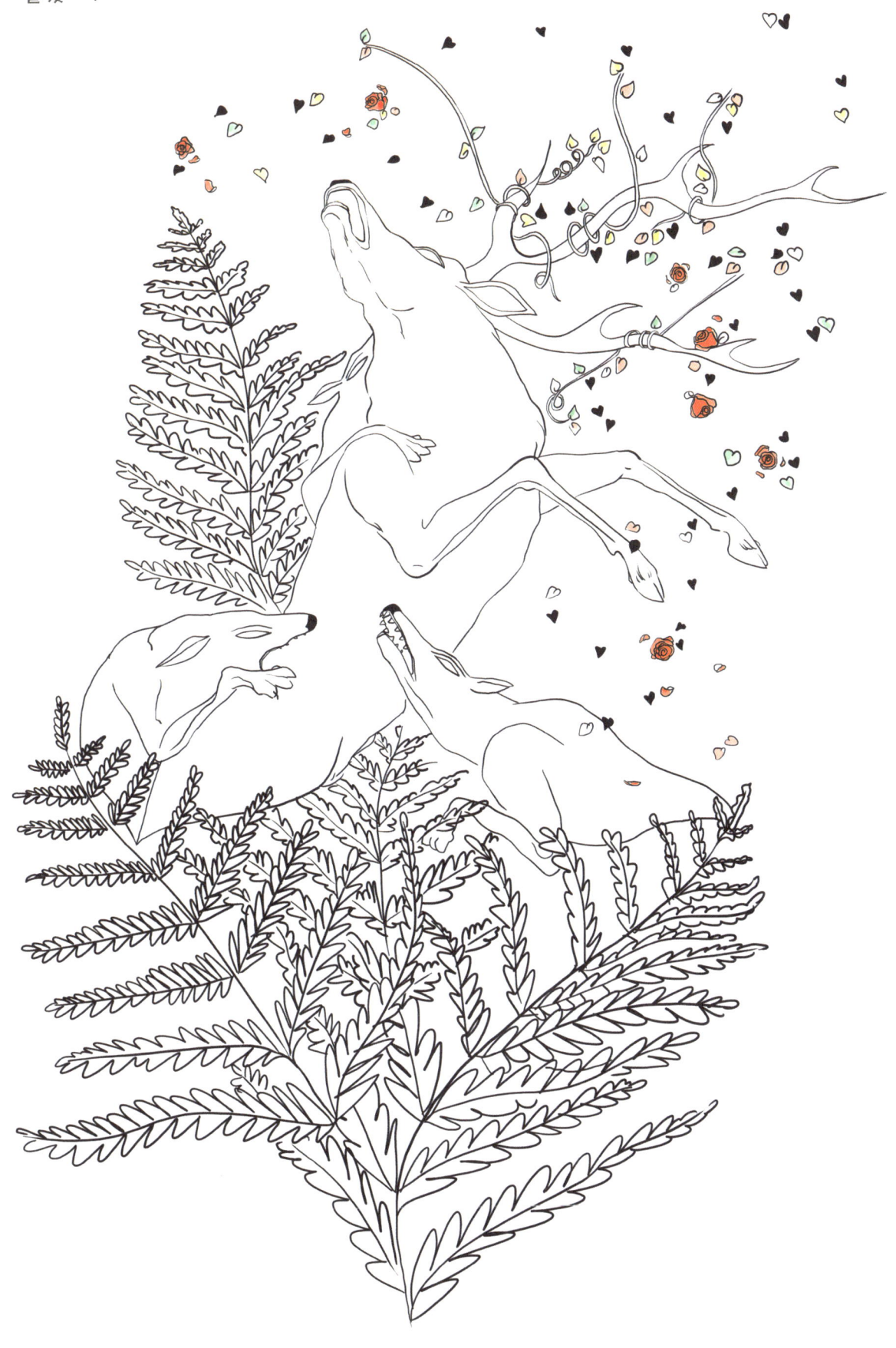

교만한 니오베

아르테미스는 극도로 잔인해지는 경우가 있었는데,
그것은 단지 그녀의 정숙한 성격 탓만은 아니며 때로는 과장된 자만심 때문에 그렇기도 했다.
니오베가 바로 그 가혹한 예다······.

니오베는 강대국인 테베의 왕비였다.

그녀는 부유하고 아름다우며 매력적인 남편의 사랑을 받았으며, 딸과 아들 각 7명씩 14명의 자식들이 있었는데 모두 아름다웠다.

자만에 겨운 나머지 니오베는 자신을 아폴론과 아르테미스의 어머니인 라토와 공공연히 비교하며 자신의 행복을 돋보이게 하려는 경솔함을 보였다.

"불쌍한 라토는 임신하자마자 제우스에게 버림을 받았지. 하지만 난 아직도 남편을 내 발아래 두고 살잖아?"

"라토는 델로스의 초라한 섬에서 살았지만 난 테베의 큰 도시를 다스리고 있지."

"게다가 14명의 내 아이들은 라토의 두 아이들보다 훨씬 더 잘생겼어!"

"어때?"

니오베의 거만한 발언이 아폴론과 아르테미스에게 전해졌고, 둘은 곧 어머니의 명예 회복을 위해 복수하기로 했다.

아폴론이 쏜 7개의 금화살은 니오베의 아들들을 죽음으로 이끌었다. 아르테미스가 쏜 7개의 은화살은 마찬가지로 딸들을 같은 운명으로 몰아갔다.

니오베는 제일 어린 막내딸의 죽음만큼은 자기가 직접 몸을 던져 막아보려 했지만 소용없는 일이었다. 아르테미스의 복수는 가혹했다. 너무나 심한 고통을 받은 니오베는 모든 감정을 잃게 되었고, 결국 돌이 되어 굳어버렸다. 불쌍한 그녀의 두 눈만이 쓰라린 눈물을 한없이 흘릴 뿐이었다.

아르테미스와 엔디미온

아르테미스는 대부분의 남자들을 혐오했다. 하지만 생애 단 한 번 사랑에 빠진 적이 있었으니, 바로 엔디미온이라는 젊은 양치기였다. 어느 날 밤, 아르테미스는 양들과 함께 잠들어 있던 엔디미온을 발견했고 그의 아름다운 모습에 감동했다. 그가 자고 있다는 사실에 안심하며 매일 밤 그를 훔쳐보러 올 정도로 그에게 푹 빠져 있었다. 하지만 아무 말도 건네지 않고, 만지지도 않았으며, 그저 달빛으로 그의 이마를 어루만질 뿐이었다.

그런데 딱 한 번, 더 이상 사랑의 욕망을 자제할 수 없던 아르테미스는 엔디미온을 잠에서 깨웠다. 오랜 시간 참아왔던 격렬한 열정이 폭발했고 그와 처음이자 마지막인 사랑을 나누었다. 왜냐하면 그 후 아르테미스는 엔디미온의 곁으로 다시는 돌아가지 않았기 때문이다. 이 단 한 번의 사랑, 단 한 순간의 사랑으로 50명의 딸이 한꺼번에 태어났다.

5

악동 헤르메스

헤르메스

헤르메스는 제우스의 아들이었고, 모계 쪽으로는 아틀라스의 손자였다.

선조들은 거구였지만 헤르메스는 작고 마른 편이었다. 그러나 우아하고 균형이 잡힌 체구였다.

헤르메스는 발과 모자에 날개를 달고 있었는데, 이 날개 덕에 세상 구석구석을 아주 빠르게 날아다닐 수 있었다.

비상한 머리는 날렵한 몸놀림만큼이나 빨리 돌아갔다. 웅변술과 설득에 강하고 거짓말에도 능해서 헤르메스는 상인과 도둑의 신으로 추앙받았다. 이 부분에 대해서는 오늘날의 현대인이나 고대의 그리스인이나 다를 바 없는 듯하다.

제우스의 말 안 듣는 아들이었던 헤르메스는 장난을 일삼는 말썽꾸러기였다. 하지만 제우스는 언제나 즐겁고 너그럽게 그를 용서하곤 했다.

세상에 처음 태어난 그날부터 태양의 신 아폴론이 유독 애지중지하던 소 떼를 훔쳤다.

아폴론에게 발각되지 않으려고 소들이 뒷걸음질 치도록 하는 기지를 발휘했다.

그러니까 소의 발자국이 마구간을 향해 나도록 함으로써 범인을 잡기 어렵게 상황을 꾸민 것이다.

며칠 후, 헤르메스는 아폴론에게 소들을 다시 돌려주었다. 사죄하는 마음으로 거북이의 등껍질로 직접 만든 악기를 선물했는데, 그것이 바로 최초의 리라였다.

아폴론의 소들을 시작으로 헤르메스는 도둑질에 재미를 붙였다.

심지어는 하데스의 투구까지 훔쳤는데, 이 투구 덕에 한동안 아무도 헤르메스를 볼 수 없었다고 한다.

제우스는 헤르메스에게 도둑질을 당하기 전까지는 그의 장난을 그저 즐겁게 관망하기만 했다.

어느 날, 벼락이 없어졌다는 것을 알게 된 제우스는 화를 버럭 내며 말했다.

"네가 그토록 심심해 견딜 수 없다면 특별한 일거리를 주마.
이제부터 신들과 인간들 곁에서 내 심부름꾼이 되어라."

6

헤라의 두 아들,
아레스와 헤파이스토스

제우스의 아내인 헤라는 딸 헤베와 두 명의 아들인 아레스와 헤파이스토스를 낳았다. 헤라는 여자들에게 그다지 호의적이지 않았기 때문에 자기 딸에게조차 관심이 없었다. 헤라의 보살핌을 받지 못한 헤베는 마치 올림포스의 재투성이 신데렐라처럼 되었고, 신들의 향연이 있을 때면 곁에서 넥타르주를 접대하는 시녀의 일이나 맡아야 했다.

헤라의 두 아들은 외모나 성격 면에서 헤라와 닮은 점이 거의 없었다.

전쟁의 신 아레스

아폴론만큼 수려한 외모를 소유하고 있지는 않았지만 아레스도 꽤나 잘생긴 청년이었다. 갈색 머리에 창백한 안색, 음울한 눈과 반듯한 용모가 강하고 냉정한 분위기를 풍겼다. 외모에 유달리 신경을 썼고, 과할 정도로 공들여 우아하게 옷을 입고 다녔다.

동물을 유독 사랑했던 아폴론은 아레스에게 벌을 내리기로 했다.

그는 올림포스 산의 서쪽에 수천 마리의 갈매기들이 둥지를 틀고 있는 것을 보고는 아레스에게 말했다.

"단언컨대, 네가 저 꼭대기에 기어 올라가서 둥지 속 알들을 깨지는 못할걸?"

산을 오르는 것은 그리 어려워 보이지 않았다. 갈매기들도 딱히 겁낼 이유가 없어 보였기에 아레스는 흔쾌히 내기에 응했고, 재빨리 둥지 한가운데까지 기어올랐다.

하지만 갈매기들은 보기보다 만만한 상대가 아니었다.

아레스에게 알을 빼앗긴 갈매기 한 마리가 비명을 지르며 경계를 알렸고 수백 마리의 갈매기 떼가 일제히 날아오르며 날카롭게 지저귀기 시작했다. 아레스 머리 바로 위를 날아다니며 희끄무레하고 물컹하며 냄새가 지독한 똥을 난사해댔다.

갈매기 똥 때문에 눈을 뜰 수 없던 아레스는 그 냄새에 질식할 지경이었다. 옷이며 신발이며 전부 더럽혀진 아레스는 창피함과 화가 치솟았지만 아폴론의 조롱을 받으며 울면서 도망칠 수밖에 없었다.

불과 산업의 신 헤파이스토스

헤라의 둘째 아들인 헤파이스토스는 아레스의 수려한 외모와는 정반대로 흉측하다고 할 정도로 못생겼다.

헤파이스토스가 태어나던 날 어찌나 크게 울어댔던지, 제우스로서는 그를 내버려 둘 수도, 소리를 참아낼 수도 없을 지경이었다. 그래서 제우스는 많은 아버지가 한 번쯤 상상은 해보았어도 차마 실천할 수는 없던 일을 저질렀다.

갓난아이의 발목을 잡고 들어올려서 있는 힘껏 발길질하여 올림포스 산꼭대기에서 땅을 향해 던져버렸다.

올림포스 산은 꽤 높았기 때문에 헤파이스토스가 땅에 도착할 때까지는 꼬박 한나절이 걸렸다.

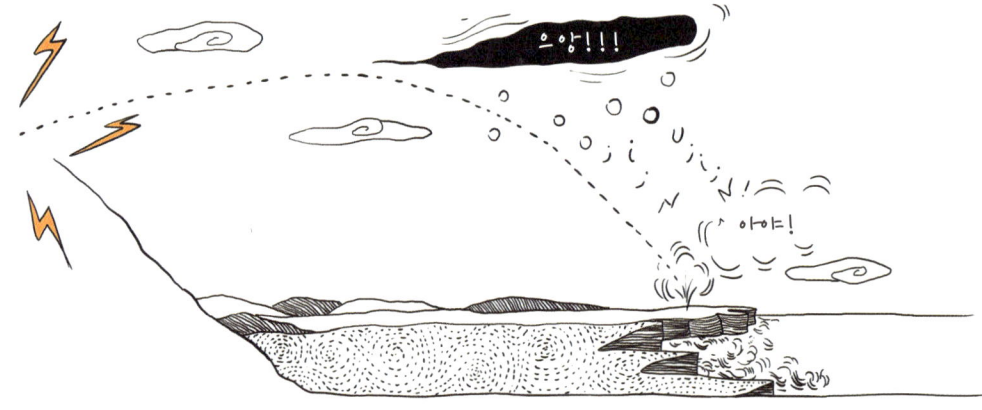

보통의 아기라면 이러한 추락에 결코 살아남지 못했겠지만, 헤파이스토스는 신이었기 때문에 겨우 다리 하나만 부러지고 척추 몇 개가 탈구되었을 뿐이었다.

얼굴도 못생겼는데 이제는 절름발이에다 허리 휜 꼽추까지 된 것이다.

태어나자마자 학대받고 쫓겨난 아이는 자신의 추함과 불구에 자극을 받아 일이나 사회적인 성공을 통해 주위의 존경과 사랑을 얻을 방법을 찾았다. '위대한 나폴레옹'도 그가 키가 작다는 사실 때문에 어린 시절부터 고통받지 않았더라면 탄생하지 않았을 것이다.

헤파이스토스도 바로 그런 경우였다.

억척스럽게 열심히 일한 대가로 헤파이스토스는 비범하고 능숙한 숙련공이 되었다. 특히 금속을 다루는 일에서만큼은 두각을 드러냈다. 대장장이, 철물공, 조립공, 세공사를 두루 겸한 헤파이스토스는 제우스로부터 불과 산업의 신이라는 이름을 받았다.

오른손에는 망치를, 왼손에는 노루목을 쥐고 대장간에서 쉴새 없이 일하는 그는, 비록 얼굴이 연기로 온통 시커멓게 그을리고 몸은 땀으로 뒤범벅이 되었지만 일에 더욱 몰두했다.[2]

헤파이스토스를 도와주는 일꾼들 중에는 거대한 체구와 이마 한가운데에 눈이 하나밖에 없는 키클롭스들이 있었다. 그들의 도움을 받아 헤파이스토스는 철제 가구, 건축용 철물, 무기, 보석 등을 올림포스에 공급하는 자격을 부여받았다. 특히, 헤파이스토스는 제우스의 벼락을 만드는 일을 도맡았다.

2) 신들이 인간으로 변신하면 결코 땀을 흘리지 않는다고 말했지만, 신의 모습을 하고 있을 때는 그들도 인간처럼 땀을 흘린다.

만약 헤파이스토스가 현명했다면 그의 직업 활동이 가져온 타인의 존경과 보상에 만족하고 말았을 것이다.

하지만 모든 인간처럼 헤파이스토스도 사랑을 원했다.

그리고 대부분의 남자들이 그러하듯 그도 아름다운 여자를 원했다.

헤파이스토스가 결혼을 결심했을 때, 올림포스에서 가장 못생긴 그가 원하는 결혼 상대는 신 중에 가장 아름다운 여신인 아프로디테였다. 아프로디테에 대해서는 나중에 다시 이야기해 보자.

그리하여 헤파이스토스는 부모인 제우스와 헤라를 찾아가 아프로디테와의 결혼을 승낙해 주기를 요청했다.

일단 제우스는 쉽게 결혼을 승낙하지 않으려 했지만, 헤파이스토스가 벼락 제조를 그만두겠다고 협박하는 탓에 결국 허락하고 말았다. 하지만 헤라는 헤파이스토스의 요구에 단호히 반대했다.

"아프로디테는 네게 너무 과분한 상대야."

"게다가 그런 미녀는 대장간의 소음과 냄새를 결코 견뎌내지 못할 거야. 너랑 함께 일하는 그 키클롭스들하고 한데 섞여 산다니 참을 수 없을걸?"

"그렇게 되면 아프로디테는 곧 널 떠날 테고, 그럼 누구보다도 네가 먼저 이 결혼을 후회하게 될 거다."

헤라의 말에 동요하기는커녕, 헤파이스토스는 어머니의 승낙을 받아내기 위해 간교한 술책을 이용했다.

대범하지 못하면 패배자가 되는 거야.

7
사랑의 여신 아프로디테

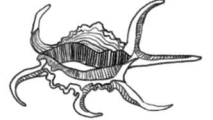

아프로디테의 탄생과 결혼

아프로디테는 제우스의 딸이며, 어머니는 없다.

그녀는 오직 아버지의 뜻에 따라 대서양의 물거품에서 잉태되었기 때문이다.

어느 아름다운 봄날의 아침, 올림포스의 신들은 신성한 산에 드리워진 해변에서 일광욕을 즐기고 있었다. 급류에 갑자기 떠밀려온 바닷가의 큰 소라고둥 하나가 아프로디테를 해변가에 살포시 눕혀 놓았다.

아프로디테는 긴 금발 머리에 크고 푸른 눈, 장밋빛 홍조, 희고 고운 피부와 반짝이는 하얀 치아를 지녔으며 놀랍도록 아름다웠다.

날씬하면서도 보기 좋게 살이 붙은 몸에서는 매혹적인 향기가 발하고 있었다.

그녀는 자신이 아끼는 비둘기 한 마리를 데리고 있었을 뿐, 아무것도 걸치지 않았다.

아프로디테의 등장은 신들의 세계에 동요를 불러일으켰다. 모든 신들이 자기 아내는 소홀히 한 채 그녀를 올림포스에 초대하기 위해 앞을 다투었다. 질투심에 불타오르던 여신들은 아프로디테에게서 어떤 결점이나 비판의 대상이 될 만한 아주 조그마한 흠이라도 찾아내려 했지만 헛된 일이었다.

헤라의 반발로 제우스는 신들의 마음을 가라앉히기 위해서 아프로디테에게 옷을 입을 것을 명령했다.

아프로디테는 무릎까지 내려오는 원피스 형태의 긴 속옷을 걸쳤다. 헤파이스토스는 그녀를 위해 황금과 보석으로 만든 마법의 벨트를 하나 만들어 주었는데, 그 벨트를 차면 누구도 저항할 수 없는 매력을 발산할 수 있는 것이었다.

굳이 상대방의 애정을 불러일으킬 필요가 없는 아프로디테였지만, 선물에 대한 감사의 표시로 아프로디테는 헤파이스토스에게 모든 부탁을 들어주겠다는 경솔한 약속을 '스틱스 강'에 대고 맹세했다.

"내 아내가 되어 주세요!" 이 기회를 놓칠세라, 헤파이스토스는 곧장 소원을 말했고 아프로디테는 거절할 수 없었다.

아, 내 실수...

앞에서 말했던 모든 수단을 동원하여 제우스와 헤라로부터 결혼 허락을 얻어낸 헤파이스토스는 그 즉시 성대한 결혼식을 올렸다. 신혼집은 키클롭스들의 도움을 받아 지은 궁전에 마련했다.

호화로운 궁전에 무엇이든 거절하지 않고 모든 부탁을 다 들어주는 최고의 남편이었지만 아프로디테는 헤파이스토스에게 금세 싫증이 나고 말았다.

헤파이스토스는 일밖에 몰랐기 때문에 새벽 다섯 시면 집을 나서 대장간으로 향했고, 수없이 밀려 들어오는 신들의 주문을 처리하며 중간에 추가되는 고장과 수리를 도맡아 하느라 온종일 대장간에만 틀어박혀 있었다. 그리고 과중한 업무에 지쳐 더러워진 차림새로 피로가 한껏 누적되어 날카로운 상태로 자정이 되어서야 집에 돌아왔다.

아프로디테처럼 아름다운 여자에게 어울리는 삶이 아니었다. 더군다나 외로움은 참을 수 없었다.

결국 일이 터지고야 말았다. 아프로디테가 애인들을 만들게 된 것이다.

꽃이 된 아도니스

아프로디테의 첫 번째 애인은 평범한 인간이었지만 아마도 인간계에서 탄생할 수 있는 가장 아름다운 남자였을 것이다.

바로 아도니스였다.

키프로스 왕의 아들로 여성 편력이 엄청난데다 사냥 실력도 특출했다.

아프로디테가 그에게 반했을 때는 그의 나이 겨우 스물이었다.

아도니스는 몇 달간 매우 고단한 날들을 보냈다. 밤이면 아프로디테의 품에서 헤어 나오지 못해 거의 잠을 자지 못했고, 낮에는 쉬는 시간 대신 사냥을 나갔다.

그에게 찾아온 비극적인 사고 역시 이렇게 누적된 피로 때문이었을 것이다. 어느 날 아도니스는 상처를 입고 도망치던 멧돼지를 추격하고 있었는데, 멧돼지가 갑자기 몸을 돌려 그를 덮쳐 대퇴부 동맥을 끊어버린 것이다.

아도니스는 순식간에 다량의 피를 쏟아냈고 그 자리에서 숨을 거두고 말았다.

뒤늦게 도착한 아프로디테는 땅 위에 떨어진 아도니스의 피 몇 방울을 봄에 잠깐 피었다 지는 매혹적인 꽃인 아네모네로 변하도록 했다.

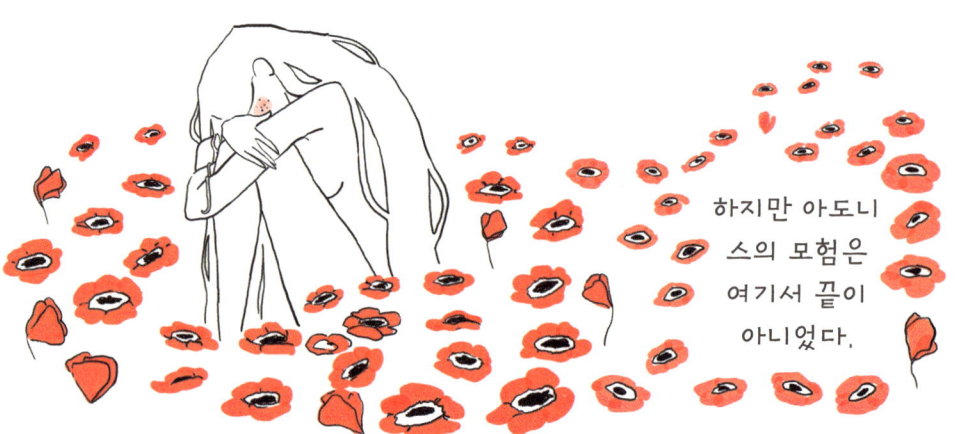

하지만 아도니스의 모험은 여기서 끝이 아니었다.

아도니스는 죽음을 맞이하자마자 지하 세계로 내려갔는데, 그곳에는 아프로디테가 헤파이스토스를 지겨워한 것 못지않게 남편인 하데스를 지루하게 여기던 페르세포네가 있었다.

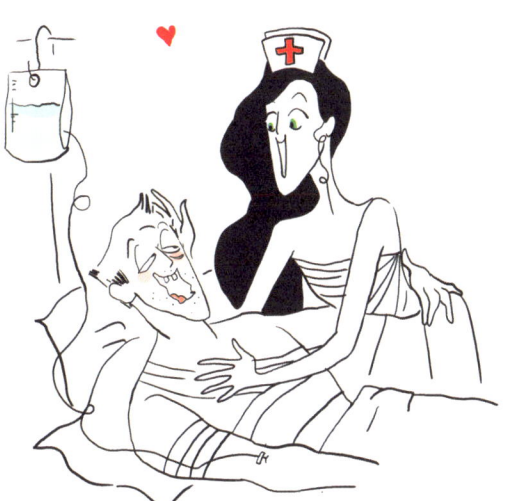

사랑의 여신의 애인이었던 아도니스가 이번에는 죽음의 여신의 애인이 된 것이었다.

이 소식을 들은 아프로디테는 화를 참을 수 없었다. 그 길로 제우스에게 아도니스를 돌려 달라고 요청했지만 페르세포네는 자기의 소유라고 주장했다.

제우스는 과연 어떤 판결을 내렸을까? 훗날 이와 비슷한 상황에 빠졌던 솔로몬 왕처럼, 분란의 대상인 아도니스의 몸을 두 쪽으로 나누라고 했을까?

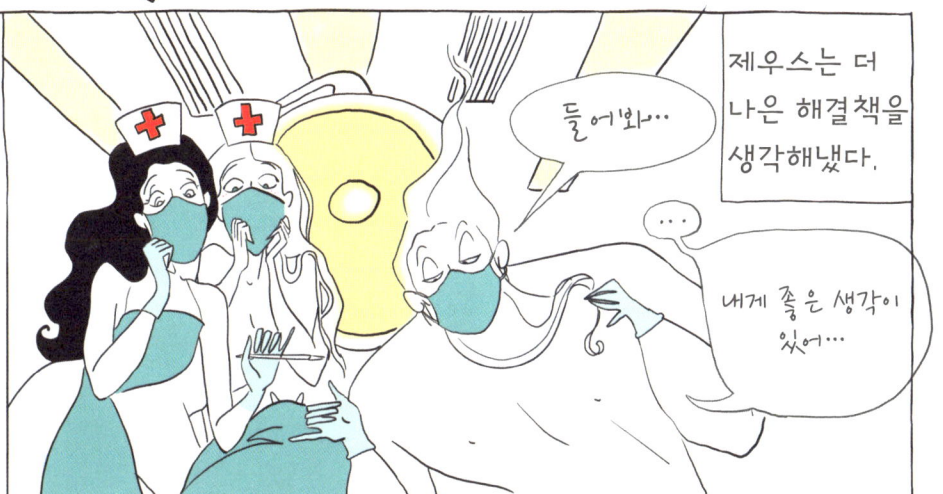

제우스는 더 나은 해결책을 생각해냈다.

들어봐…

내게 좋은 생각이 있어…

아도니스의 몸은 그대로 두고, 1년 중 6개월은 아프로디테와 함께, 그리고 나머지 6개월은 페르세포네와 함께 지내도록 명령을 내렸다. 제우스의 판결을 받고 난 후, 페르세포네의 시간은 더 늘어나게 되었다. 이미 이전의 사건으로 인해 페르세포네는 1년 중 2/3는 데메테르와, 나머지 1/3은 하데스와 보내야 했기 때문이다. 그런데 이번에는 1년 중 절반을 아도니스와 보내야 한다니, 수식으로 계산을 해보면

$2/3 + 1/3 + 1/2 = 9/6$가 된다.

$$\frac{2}{3} + \frac{1}{3} + \frac{1}{2} = \frac{9}{6}$$

자기 직업을 가진 대부분의 사람처럼, 페르세포네는 행복한 보충 시간을 갖게 되었고 자신에게 부여된 여러 의무를 모두 채울 수 있는 그 방면의 선구자가 되었다.

올림포스의 스캔들

한편, 아프로디테는 아도니스가 지하세계에 내려가 있는 6개월 동안 홀로 한가로이 많은 시간을 보내야만 했다. 보통의 여자라면 그 시간에 또 한 명의 애인을 만들었을 것이다.

하지만 그녀는 아프로디테이지 않은가? 한 번에 2명의 애인을 만들게 되었는데, 바로 아폴론과 아레스였다.

이러한 양다리 관계는 두 명의 애인이 서로 다른 성격에 또 상호보완적인 하루 일과표를 갖고 있었기에 가능했다.

아폴론은 하루 종일 태양 마차를 몰아야 했기 때문에 밤이 되어서야 아프로디테를 만날 수 있었다. 반면 아레스는 모든 군인이 그러하듯 평화로운 시국에는 특별히 할 일이 없었기 때문에 낮 동안 아프로디테와 보낼 수 있었다.

그 때문에 아폴론과 아레스는 서로의 존재를 전혀 눈치채지 못했다.

남편인 헤파이스토스도 언제나 해야 할 일이 산더미라 아무것도 몰랐다. 단지, 언젠가부터 아프로디테가 자신에게 일만 한다며 비난하지도 않고, 매일 밤늦게 집에 돌아와도 오히려 상냥하게 웃으며 맞이한다는 사실에 조금 의아했을 뿐이었다.

이 네 사람의 관계는 어느 날 아프로디테의 곁에서 잠깐 잠이 들어버린 아레스가 떠날 시간을 놓치지 않았더라면 더 오래 지속될 수 있었을 터였다.

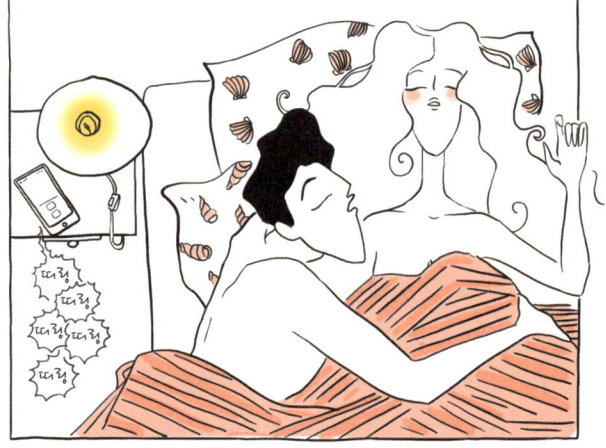

아폴론은 하늘을 한 바퀴 돌고 난 후 마차를 주차하고 언제나처럼 약속 장소로 아프로디테를 만나러 갔다.

아프로디테의 곁에서 잠들어 있는 아레스를 본 순간, 아폴론은 순식간에 피가 거꾸로 솟아 뒤로 넘어갈 정도로 큰 충격을 받았다.

복수심에 불탄 아폴론은 남편 헤파이스토스를 찾아가 그의 아내가 아레스와 부정한 짓을 저질렀다며 고자질했다.

헤파이스토스는 곧장 아주 촘촘하게 짠 철제 그물을 만들어 신혼집에 몰래 돌아와서는 발가벗은 채 잠들어 있는 아프로디테와 아레스에게 던졌다. 둘은 마법에 걸린 그물 속에 꼼짝없이 갇힌 포로가 되어버렸다.

헤파이스토스는 굴욕적인 상태로 묶인 둘을 올림포스까지 끌고 올라가 모든 신들의 비난과 조롱을 받도록 신전 한복판에 내던졌다.

아프로디테의 처절한 애원과 아레스의 눈물에도 불구하고 헤파이스토스는 그들을 풀어줄 생각이 없었다.

다행히도 날카로운 손톱이 있는 생각 깊은 여신이 나타나 그들을 동정했다. 게다가 그녀는 매듭을 다루는 데 뛰어난 능력이 있었다. 몇 시간의 작업 끝에 그물의 비밀을 발견한 이 여신은 그들을 풀어주었다.

8
지혜의 여신 아테나

제우스의 머리에서 태어난 아테나

아테나도 아프로디테처럼 제우스의 딸이지만 어머니가 없었다.
아테나가 태어난 과정은 유달리 독특했다.

어느 날 아침, 제우스는 지독한 두통을 호소하며 잠에서 깼다.

처음에는 전날 과하게 마신 넥타르로 인한 숙취라고 생각했기 때문에 의술의 신인 아폴론이 처방한 약을 먹으면 낫겠거니 생각했다.

하지만 약을 먹어도 소용이 없었다.

정오쯤 되자 제우스의 두통은 견딜 수 없을 정도에 이르렀고, 더 강력한 해결책이 필요했다. 제우스는 헤파이스토스를 불러 도끼로 자기의 머리를 쪼개라고 명령했다.

아무튼 제우스에게는 효과가 있었다. 쪼개진 두개골 사이로 두통의 원인이 그 모습을 드러냈는데, 그것은 바로 머리에 투구를 쓰고 손에는 창을 들고 갑옷까지 입고 있는 여신이었다.

바로 아테나다.

아테나는 키가 크고 마른 체구에 갈색 머리를 한 지적인 용모, 초록빛 눈과 생각이 가득한 눈빛을 갖고 있었다. 아프로디테처럼 선정적인 매혹스러움을 갖고 있지는 않았지만, 그보다 더 뛰어난 아름다움이 있었다. 아프로디테가 마릴린 먼로를 닮았다면, 아테나는 그레타 가르보[3] 같은 미인이었다.

그녀의 지적인 면모는 여성의 신체적인 매력보다 훨씬 더 두드러졌다. 현명하고 생각이 깊고, 근면하며 합리적인 정신의 소유자인 아테나는 제우스로부터 지혜와 학문의 여신이라는 칭호를 얻었다.

아테나 덕에 그리스인들은 문자, 수학, 천문학, 항해술 그리고 매듭을 고안해낼 수 있었다. 그래서 그리스인들은 아테나에게 특별한 찬사와 고마움을 담은 숭배를 바쳤다.

숨기지 않겠다. 아테나는 필자가 제일 좋아하는 여신이며, 그녀는 제우스가 가장 사랑하던 딸이기도 했다.

많은 지성인처럼 아테나 역시 고요한 밤에 공부하는 것을 좋아했다. 그래서 그녀가 좋아했던 새도 밤의 새인 올빼미였는데, 올빼미는 주로 아테나의 모자 위에 앉아 있었다.

3) 1920년대 활약한 스웨덴 출신의 헐리우드 미녀 배우(역주)

그렇다고 해서 아테나가 결점 하나 없는 여신이라고 생각해서는 안 된다.

다른 모든 신들처럼 아테나 역시 허영과 질투와 복수심을 드러낼 때도 있었기 때문이다.

아테네는 자신의 음악적 재능에 늘 자만하고 잘난 척하던 아폴론을 혼내 주기 위해 어느 날 새로운 악기인 금관 플루트를 고안하여 그와 경쟁을 벌이기로 했다.

아테나가 한창 새로운 악기 연습에 몰두하고 있었을 때, 여자들에게 듣기 싫은 소리만 골라 하는 데 남다른 소질의 헤라가 이렇게 말했다.

"양 볼이 불룩하니 아주 꼴이 두꺼비 같구나!"

아테나는 여자로서 자존심에 상처를 입고 음악에 대한 모든 열정을 그 즉시 포기했다. 플루트는 홧김에 땅에 던져 버렸다.

"오! 금관 플루트가 여기 떨어져 있네?"

며칠 후 아테나가 버린 플루트는 마르시아스의 손에 들어갔다. 이 악기 덕에 그는 미다스 왕이 개최한 음악 경연 대회에서 아폴론을 누르고 승리하게 된 것이었다.

"아폴론이 완전히 물먹었지 뭐!"

"건배!"

"쌤통이다 아주!"

아테나의 질투와 아라크네

아테나는 베짜기, 자수, 레이스 뜨기에 유독 뛰어난 자신의 재능에 자부심이 있었다. 그러던 어느 날, 아테나는 아라크네라는 그리스 여인이 자기보다 뜨개질과 자수에 능하다는 소문을 듣게 되었다.

자존심이 상한 아테나는 황급히 지상에 내려가 아라크네의 작업실을 찾아갔고 그녀가 만든 작품을 보여달라고 했다.

오, 위대한 여신님! 제 실력은 아직 한참습니다…

아라크네는 방금 짠 베일 하나를 선보였다. 너무나 섬세하고 가벼워서 아테나는 이보다 더 나은, 어쩌면 이에 버금가는 베일조차 만들어낼 수 없을 것임을 내심 알아챘다.

아테나는 화를 내며 아라크네의 베일을 찢고 짓밟으며 소리쳤다.

"네 솜씨가 이토록 좋으니 평생 그 일만 하게 해주마!"

그러고는 아테나는 그 가련한 여인을 거미로 만들어버렸다.

9

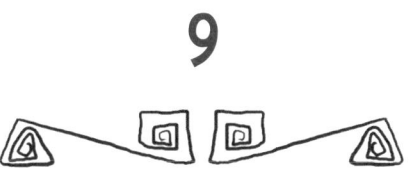

아테네의 창설

평소 할 일이 별로 없는 나머지 올림포스에서 지루한 시간을 보내던 신들은 자신들의 위대한 능력을 보여줄 수 있는 아주 좋은 기회가 왔다고 생각했다.

아폴론은 아테네와의 내기로 마음이 심란했지만 제일 먼저 선물을 들고 아테네에 나타났다. 그의 선물은 바로 '시'였다.

하지만 시는 그다지 시민들의 환영을 받는 선물을 아니었다. 왜냐하면 좋은 시가 사람들에게 여유의 즐거움을 줄 수 있다는 것을 다들 알고는 있었지만, 앞으로 펼쳐질 도시의 역사에는 좋은 시보다는 음울한 시가 더 많을 것이라 예상했기 때문이었다.

더군다나 이 대회에서 아테네의 아이들도 나름의 입장을 표명했는데, 아이들은 시를 배우고 외우느라 학교 숙제가 많아지는 것을 달가워하지 않았다.

아폴론에 이어 선물을 가져온 신은 아프로디테였다. 아프로디테는 고급 양장을 입은 모델들의 워킹으로 여성 의류를 가져왔다.

이 선물에 대해서도 의견이 갈라졌다. 여자들은 대부분 환호했지만, 남자들은 아내들이 옷에 대해 변덕을 부리기 시작하면 그 비용을 감당할 수 없을 것이라는 현실적인 생각을 했기 때문에 냉담한 태도를 취했다.

그 다음 차례는 헤파이스토스였다. 그는 이 대회를 위해서 쟁기를 발명했다.

한 쌍의 소에 쟁기를 매달아 그 조작법을 설명하며, 이것을 사용하면 곡식의 수확량이 무려 65% 증가할 것이라고 장담했다.

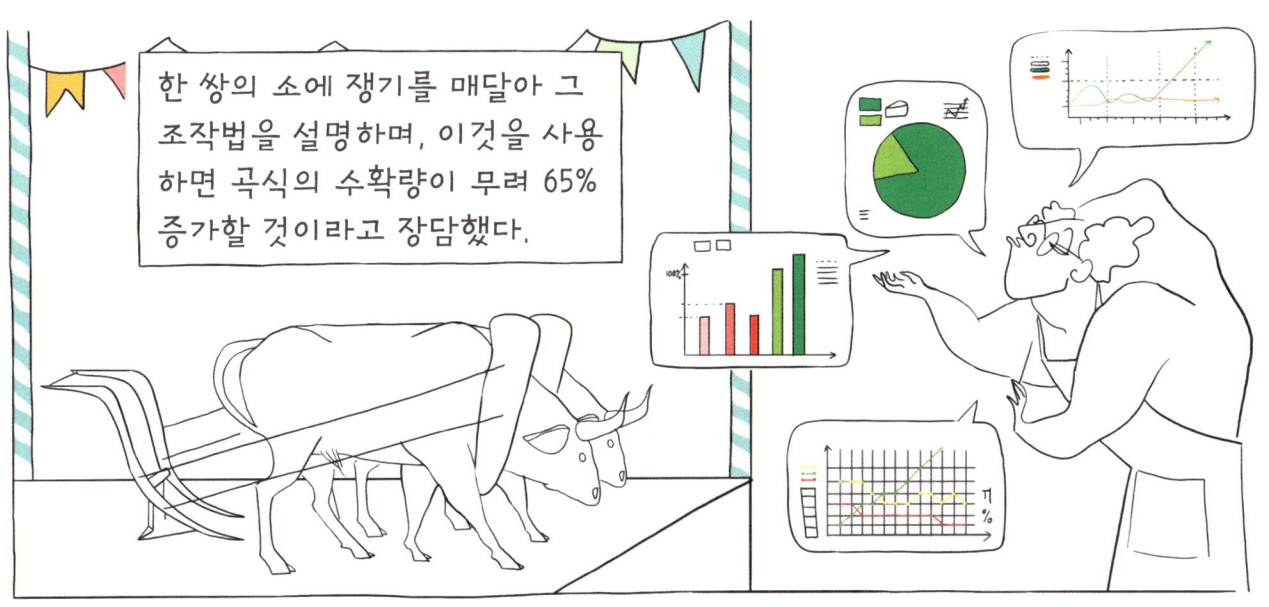

이 농기구의 유용성에 대해서는 모두가 동의했다.

하지만 그리스인들은 그다지 억척스러운 일꾼들은 아니었다. 감히 목청 높여 외치지는 않았지만, 대부분의 그리스인들은 헤파이스토스가 만든 농기구들 때문에 앞으로 땅에서 할 일이 늘어나 노동이 더 고단해질 거라고 생각했다.

이번에는 바다의 신 포세이돈이 등장할 차례였다. 사람들은 그가 바다와 관련된 발명품, 예를 들면 폭풍우에 맞서 항해를 도와줄 선미의 키라든가 아니면 조금 더 현대적으로 햇볕에 거뭇하게 타지 않고 보기 좋은 구릿빛 피부로 만들어 줄 태닝 크림을 가져오지 않을까 기대했다.

그런데 전혀 아니었다. 포세이돈이 아테네인들에게, 그리고 그들을 통해 모든 인류에게 가져다준 것은 바로 수천 년 동안 지상의 중요한 교통수단이 될 '말'이었다.

그 당시만 해도 낯선 이 동물의 아름다움과 우아함 그리고 힘 앞에서 아테네인 모두는 감탄을 금치 못했다.

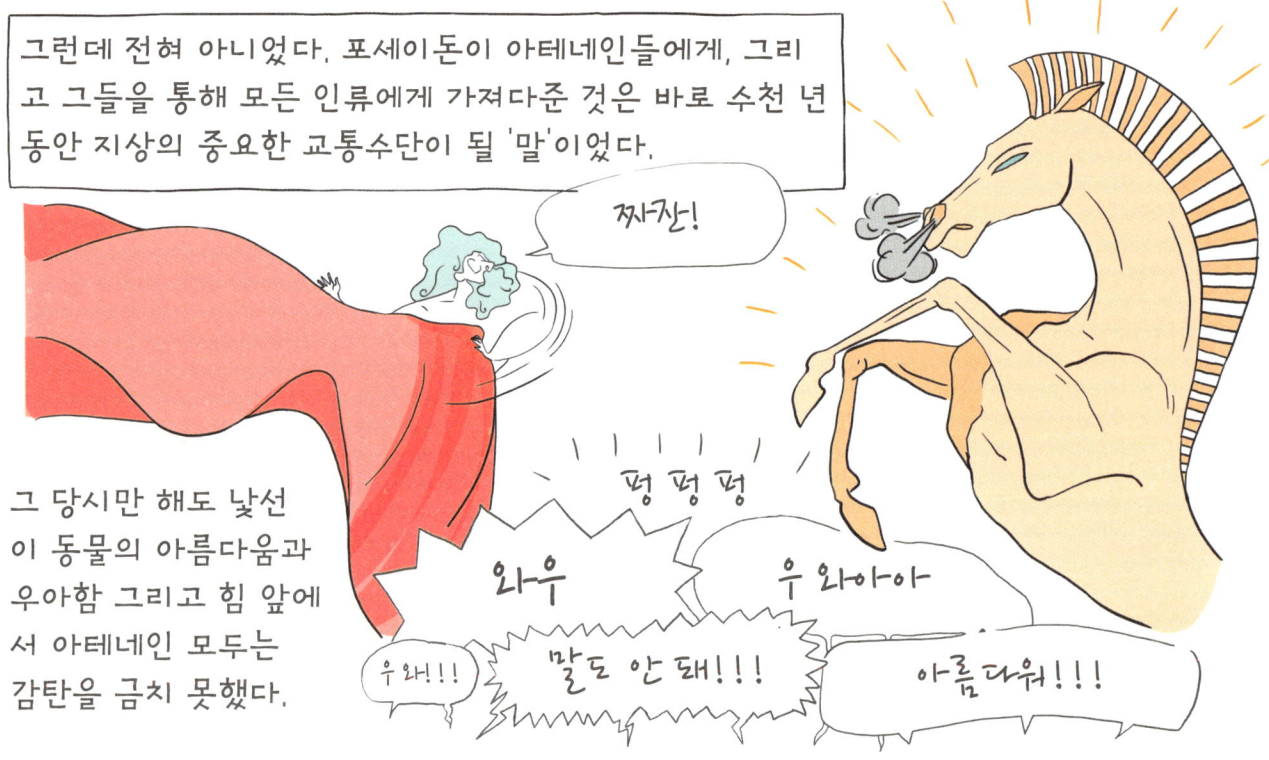

사람들은 이미 경연 대회의 우승자로 포세이돈을 선정하려고 혈안이 되어 있었다. 바로 그 순간, 선물을 가져오지도 않았으면서 순전히 형제자매들에 대한 반감으로 차라리 삼촌인 포세이돈이 승리했으면 좋겠다고 생각했던 아레스가 그를 돕겠다는 심산으로 전쟁에서 말이 얼마나 유용한지 그 효과를 강조하며 평소의 어눌한 말투로 지지 연설을 시작했다.
"기병이 있으면 적군을 3배 이상 무찌를 수 있습니다!"

아레스의 연설을 듣고 있던 똑똑한 아테네의 청중들은 적들 역시 곧 기병을 마련하게 될 것이고, 그렇게 된다면 그리스인들 또한 3배 이상 죽을 수 있다는 것을 바로 예측했다. 그리하여 포세이돈에 대한 열광적인 지지는 한풀 꺾이고 말았다.

아테나는 가장 마지막 순서로 선물을 소개했다.

아테나는 상업의 신 헤르메스에게 무역에 대한 학문적 연구를 부탁하여 아주 면밀하게 준비하여 등장했다.

헤르메스가 아테나에게 비밀리에 전달한 보고서 안에 담긴 연구의 핵심 결과는 다음과 같다.

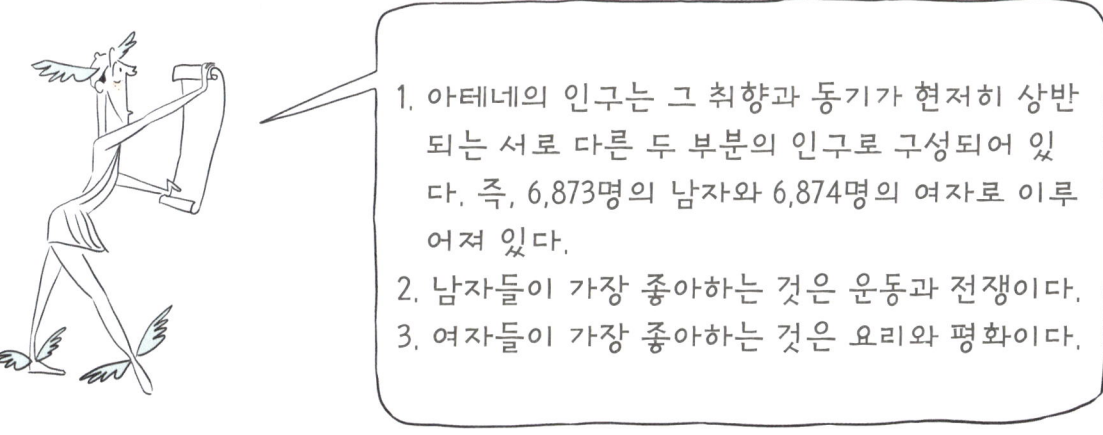

1. 아테네의 인구는 그 취향과 동기가 현저히 상반되는 서로 다른 두 부분의 인구로 구성되어 있다. 즉, 6,873명의 남자와 6,874명의 여자로 이루어져 있다.
2. 남자들이 가장 좋아하는 것은 운동과 전쟁이다.
3. 여자들이 가장 좋아하는 것은 요리와 평화이다.

이와 같은 연구 결과를 바탕으로 아테나가 아테네인들에게 선물하기로 한 것은, 다름 아닌 **올리브 나무**였다.

아테나는 올리브 나무를 직접 아크로폴리스 광장에 심고 이렇게 말했다.

"이토록 소탈하나 튼튼한 올리브 나무는 어느 땅에서나 잘 자라며 물을 많이 주지 않아도 매년 풍성한 올리브 열매를 맺을 것이다. 올리브 열매는 맛도 좋고 요리에 알맞은 재료이며 영양가가 풍부한 기름을 다량으로 짜낼 수 있다."

"게다가 올리브 나무는 이 도시의 가장 귀중한 행복 중 하나가 될 것이다.

바로 평화다."

사람들은 곧 투표에 들어갔다. 남자들은 모두 포세이돈의 선물인 말에, 여인들은 모두 아테나의 선물인 올리브 나무에 표를 던졌다.

니코스 쿨라크오스 파타토스 볼로스...

여기 서명하세요...

투표 완료...

그런데 남자보다 여자의 수가 한 명 더 많았기 때문에 아테나는 그리스의 수호신으로 선발되었다. 그리고 수호신의 이름인 '아테나'를 기념하기 위해 새로운 이 도시의 이름을 '아테네'로 부르기로 했다.

결과에 만족한 아테나는 그날 이후부터 아테네인들을
보호하며 그들에게 선물을 선사했다.

특히, 도시의 창설 다음 날부터는 포세이돈이 선물한 말이 등 위로 기병이
올라타기만 하면 성질을 참지 못하고 날뛰는 성미를 보고 고삐를 만들었으며,
아테네인들에게 그것을 다루는 법을 가르쳤다.

아테네가 창설된 다음 날 또 다른 중요한 사건이 있었으니,

그것은 바로 도시의 남성들이 비밀리에 모여 여성들의 투표권을 박탈하기로 결정한 것이었다.

그 후 여성들이 그들의 참정권을 되찾기까지는 무려 3천 년이라는 시간이 흐르게 되었다…

단숨에 술술 읽는
그리스 신화 속 신들의 이야기

초판 인쇄 2022년 12월 10일
초판 발행 2022년 12월 15일

지은이 드니 랭동 · 가브리엘 라부아
옮긴이 손윤지
펴낸이 조승식
펴낸곳 BH balance & harmony
공급처 북스힐
등록 1998년 7월 28일 제22-457호
주소 01043 서울시 강북구 한천로 153길 17
전화 (02) 994-0071
팩스 (02) 994-0073
블로그 https://blog.naver.com/booksgogo
이메일 bookshill@bookshill.com

ISBN 979-11-5971-442-9
정가 15,000원

BH balance & harmony 는 ㈜도서출판 북스힐의 그래픽 노블 임프린트입니다.

* 잘못된 책은 구입하신 서점에서 바꿔 드립니다.